月3万円ビジネス 100の実例

ワイワイガヤガヤ
愉しみながら仕事を創る

藤村靖之

晶文社

デザイン　アジール（佐藤直樹＋菊地昌隆）
カバーイラスト　菊地昌隆

まえがき

ワイワイガヤガヤ仕事創り……ということが、この国で起きることを願って前著『月3万円ビジネス　非電化・ローカル化・分かち合いで愉しく稼ぐ方法』（二〇一一年、晶文社）を書いた。ワイワイガヤガヤ……つまり愉しみながら、みんなで仕事を生み出す。いいことしか仕事にしない。奪い合わないで分かち合う。

ワイワイガヤガヤは起きた。秋田・山形・富山・新潟・東京・山梨・長野・名古屋・大阪・香川・福岡・韓国のソウル……アッチコッチで「月3万円ビジネスワークショップ」が開かれている。知らない人同士が3-Biz《サンビズ》（月3万円ビジネスのこと）のテーマを持ち寄り、みんなでもみ合う。

仕事創りも起きた。ワイワイガヤガヤもみ合って、みんなで3-Bizをスタートしている。ひとりで考えてやっている若者もいる。一方、スタートできないケースもたくさんある。テーマ探しに苦心しているらしい。「実例をもっと示して……」という要請が僕のところに多く届く。

そこで、本書で実例を100個並べてみた。８割くらいは誰かが実施した例だ。残りはまだ実施されていない。僕が主宰する「地方で仕事を創る塾」の弟子たちが実施したり考えたりしたものも多く含まれている。因《ちな》みに弟子たちが生み出した３-Bizは800個を超えた。

自分が考えた３-Bizを他人が実施することを弟子たちは嫌がらない。「奪い合わないで分かち合う」ことの意味をよくわかっているからだ。だから、そのまま実施していただいて差し支えない。なにかの工夫を加えて発表していただければ、なおいい。

コピーレフトという言葉を音楽家の坂本龍一さんに教わった。「真似しないで」というコピーライト（著作権）に対して、「これは真似してもいいよ」という洒落がコピーレフト。例えば坂本さんが作った曲をコピーレフトとして発表する。別な作曲家が書き加えて、同じくコピーレフトとして発表する。こういう風に大勢が関わって創作することをクリエイティブ・コモンズと言う。

音楽の永遠のテーマはLove & Peaceだと坂本さんは言う。コピーライトを巡る昨今の争いはLove & Peaceの対極だ。だから坂本さんを含む著名な音楽家がコピーレフト運動を始めたそうだ。

ビジネスとは競争に勝つこと……と多くの人が言う。競争が悪いこととは思わないが、行き過ぎるとLove & Peaceの対極になりそうだ。昨今の仕事のあり方は、それに近いと僕は思う。コピーレフトで、そしてクリエイティブ・コモンズでLove & Peaceに満ちた3-Bizをワイワイガヤガヤ生み出していただきたい。

目次

1

月3万円ビジネスとは

「月3万円ビジネス」というのは、月に3万円しか稼げないビジネスのことだ。いいことしかテーマにしない。このビジネスはたくさん有る。なにしろ月に3万円しか稼げないので、脂《あぶら》ぎったオジサンは見向きもしない。つまり、競争から外れたところにあるビジネスだ。だから、たくさん有る。

「月3万円では暮らせないぞ！」と思うかもしれない。ならば「月3万円ビジネスを10個」というのはどうだろう。月30万円の収入になる。支出が少ない生活を愉しむことを重ねれば、「月3万円ビジネスを5個」でもお釣りがくる。「副業」ならぬ「複業」というわけだ。

月に3万円しか稼げないビジネスには競争も生じない。だから仲間と協力して進めることができる。みんなで生み出して、みんなで教え合う。「分かち合いのビジネス」が実現できるかもしれない。

「月3万円ビジネス」には約束ごとが、たくさん有る。

約束#1　いいことしか仕事にしない

テーマはたくさん有る。わざわざ悪いことをする理由は無い。

約束#2　奪い合わないで分かち合う

ひとつの月3万円ビジネスで、月に6万円稼げるようになってしまったら、友だちに3万円分の仕事を分けて上げる。そう言ったら、オジサンは「できない！」と叫んだ。若者は「簡単だ！」と頷《うなず》いた。

約束#3　支出を減らす

仕事の時間をなるべく減らして自由な時間を増やす。増やした時間で自給率を高めると支出が少なくなる。支出が少なくなれば、収入も少なくてよい。少ない収入でよければ、仕事の時間は減らせる。罠から抜け出せるかもしれない。

約束#4　ノーリスク

ノーリスクのビジネスモデルにする。ノーリスクであれば無邪気にチャレンジできる。リスクの主な原因は借金と固定費だ。固定費というのは、家賃や給料のように、売上に関係なく出て行くお金のことだ。月3万円ビジネスでは。借金と固定費を極力ゼロにする。

約束#5　2日しかかけない

ひとつの月3万円ビジネスには、2日しかかけない。3日以上かかるものはオミットする。つまり、2日以内でできるものだけを選ぶ。あるいは、2日以内でできるように工夫する。時には知恵の限りを尽くす。

約束#6　みんなで生み出す

なるべく、みんなでワイワイガヤガヤ、ゲーム感覚で月3万円ビジネスを生み出し、みんなで愉しくチャレンジする。今、あっちこっちで「月3万円ビジネスワークショップ」が開かれている。インターネット上でも「月3万円ビジネス」の経験が共有されている。

約束#7　インターネットでは売らない

インターネットで販売すると、売る人と買う人の心が繋がらない。その上、安売り合戦になって、結局は奪い合いになってしまう。だから、インターネットでは、なるべく売らないようにする。「こんなビジネスが面白いよ！」というような分かち合いには、インターネットを活用する。インターネットは、奪い合いと分かち合いの、両刃の剣だ。

「月3万円ビジネス」は韓国でも出版されている。韓国は激しい格差社会だ。競争に負けて中産階級に留まれないと、人生は悲惨だ。その恐怖心で競争に参加している。ストレスが大きいのは当然だ。10歳から30歳の死因のダントツ1位は自殺という。むごすぎる。

韓国の若者たちに3-Biz（月3万円ビジネスのこと）の講義をした。初めに3-Bizの説明をする。そして、彼らに質問した。「君たちが3-Bizだけで生計を立てるとしよう。3-Bizを何個やるのが一番幸せかな？」と。

ひとりの青年は「5個ですね。月に15万円でしょう！」。隣の青年は「僕は10個ですね。月30万円でしょう。すごいですね！」。別な青年は「15個で45万円稼ぎたい」……こんな答えばかりだ。

「つまり、収入が多いほど幸せっていうことか？」と訊くと、「あったりまえじゃん」と反応する。「僕なら3-Bizを3つが一番幸せだと思うけどなあ」と言うと、「たったの9万円で何が幸せなのさ」と会場は騒然となる。

「ひとつの3-Bizには月に2日しかかけないから、3つで月に6日。残りの24日は自由時間だよ。つまり週休6日。週に6日も自由時間があれば、食糧や住む家や使うエネルギーを、みんなで愉しく作るのは難しくない。支出が少なくなるから、月3万円くらいは貯まる。ストレスは溜まらない。身体は健康で、仲間も増える一方。毎日が喜びに満ちてている。こういうのを幸せと言うのだと思うけどね」とボソボソつぶやく。

「君たちは収入が多ければ幸せと言うけど、自給率はゼロ。なんでもお金で買う。支出が多いから収入を増やそうとする。自由時間はますます少なくなる。お金は貯まらない。ストレスは溜まる。身体は悪くなる一方、仲間も減る一方。どこが幸せなんだろう」と首をかしげてみせる。

「3-Bizを何個やるのが一番幸せ？」と、もう一度訊きなおすと、全員が3個と答えた。ここまでに要した時間は10分だけ。「収入が多ければ幸せ」という、20年も縛り付けられてきたマインドセット（心の枠組み）が、たった10分の講義で解き放たれた。涙ぐんだ青年もいた。愉快で悲しい。

2

月3万円ビジネス　100の実例

自然の恵みで生きる

50年も続いた高度経済成長。その代償として失ったものは大きい。手足を使い技を磨く喜び、みんなで作る愉しさ、温もりのある人間関係、ストレスのない穏やかな心、人の痛みがわかる感性、健やかな身体……人間性と言い換えてもよさそうだ。自然の恵みで生きるという感性も、失ったものの一つかもしれない。とりわけ都会生活では、この感性を保つことはむずかしい。失いかけた人たちに、この感性を取り戻すことを手伝って上げる……そういう月3万円ビジネスはたくさんある。

#1 ソーラー・フード・ドライヤー

天日で野菜や果物や魚を乾燥する。日本人なら誰でも知っていることだ。誰でも知っているから誰でもやるかというと、誰もやらない。面倒くさいからだ。

天日で乾燥しようとすると1週間くらいはかかる。日が照ると外に出して、日が沈むと家に入れる。下手をすると途中でカビたりする。ダシタリイレタリは、昔の日本人には面倒くさくなかったようだ。生活のリズムの中に組み込まれていたからだろう。今の日本人には面倒くさい。そんな面倒なことをしなくても、イツデモドコデモ生鮮食品や冷凍食品が買える。他にやることがタクサンある。だから誰もやらなくなった。

S.F.D.（ソーラー・フード・ドライヤーのこと）を作ってみた。太陽の光を上手に採り入れて食品に熱を加える。リフレクター（反射板）を加えるのがミソだ。自然対流の原理を使って温風が流れ、水蒸気を外に逃すようにもする。構造は簡単だ。材料はホームセンターですべて手に入る。このS.F.D.を使うと、日照時間中にドライフードが出来上がる。ダシタリイレタリは必要ない。カビの心配も無い。

S.F.D.を作るワークショップを開いてみた。写真を見ていただきたい。ホームセンターで手に入る材料だけで作る。構造は至って簡単だ。沖縄に住む女性は3日かけて参加

ソーラー・フード・ドライヤー

してくださった。北海道の男性も参加した。東京の女性だって参加した。午前10時にスタートして、夕方には出来上がった。出来上がったS.F.D.をみんな興奮して持ち帰った。参加者同士も仲良くなったようだ。

ドライフードにすると美味しくなったり、長持ちしたりするだけではない。例えば人参《にんじん》を油で揚げる。生の人参だと30秒かかるとすると、ドライフードなら4〜5秒で揚がる。油っこくなくて、シャキシャキしていて、格段に美味しい。健康にも良さそうだ。

例えばドライトマト。パスタやケーキに使ってみる。独特の甘みと酸味が加わって、美味しさに驚くはずだ。他にも驚くことがある。たかがドライフードづくりが加わるだけで、自然の恵みで生きるという感性……一番大切かもしれない感性が培《つちか》われているような気がするから不思議だ。

浜松市の吉岡翔一郎さんの月3万円ビジネスは、S.F.D.づくりのワークショップだ。吉岡さんは非電化工房の元・住込み弟子だ。修行中にS.F.D.の作り方を覚えた。吉岡さんでなくても、工作が得意な人なら、写真を参考にして作れるはずだ。工作が苦手な人は、工作自慢の人を仲間に入れればいい。非電化工房のワークショップに1回だけ参加して見習ってもいい。

作ったものを売るのではなくて、ワークショップを開いて、みんなで一緒に作る。一緒に作ると仲良くなる。つまり仲間になる。同じS.F.D.を持っている仲間同士は、いろんな経験を共有し合うことになる。「柿は厚さ5ミリで干すのがいいよ」とか、「大根と人参の細切りを干して、味醂《みりん》と薄口醤油で一緒に煮ると絶品」などなど。温もりのある人間関係が育ちそうだ。

#2 ガラス瓶ランプ

「ガラス瓶《びん》ランプ」をご存知だろうか。写真を見ていただきたい。ガラス瓶の中に本物の植物と植物油が入っている。これをワークショップで作る。

参加者は、要らなくなったガラス瓶を持ってくる。加熱して平らにするか、溶かして新しい瓶を作るか、割って混ぜて溶かして瓶にするか……。指導者がいればガラス瓶づくりは難しくない。

次に、美しい野山に行って植物採集をする。ガラス瓶の中に美しく入れることをイメージしての植物採集だから、普段よりは感性を高めて自然と付き合うことになる。

「感性を高めて、五感で味わう自然」というのは最高級のシアワセと僕は思うのだけど、どうだろうか。もしそうなら、普段の都会生活では、あるいは普段の鈍感生活では縁の無いシアワセを実感できるかもしれない。

採ってきた植物を瓶の中にレイアウトする。自分のセンスの悪さにガッカリするかもしれない。何でもお金を出して買う依存型の生活が長ければ、センスが悪くなるのが当然だからだ。そのことも含めて、みんなで愉しんでみたい。

レイアウトが済んだら植物油で瓶を満たす。もちろん自分たちで作った油だ。搾油機《さくゆき》さえあれば、植物油を作るのは簡単だ。全員が完成したら点火式をして終了。

ワークショップで作って持ち帰ったガラス瓶ランプに、たまには火を灯してみる。ただ

ガラス瓶ランプ

の灯に見えるだろうか。ワークショップの時の美しい風景や、満たされた情感や、温もりのある人間関係が蘇ってくるに違いない。

この頃LED照明が大流行《はや》りだ。明るくて、省エネで、長持ちするのだそうだ。だから高価だが、やがては安価になるのだろう。明るさ+省エネ+長持ち+安価＝パーフェクト……というわけだ。LEDを使わないと気が引けるような雰囲気すら漂う。ちょっと待っていただきたい。もっと大事なものが抜けているのではないだろうか？

昼間は太陽の下で汗を流して働く。夜は一転して安らぎの時だ。この安らぎの時を演出するのが「灯り」の役割だと僕は思う。明るければいいというものではない。LEDは、なぜかイライラするから、僕は嫌いだ。

#3 都会で野菜づくり

韓国ソウルのパク・ウォンスン市長は、自然の恵みで生きる感性を何よりも大切なものと考えている。しかし都会では、その感性は培われない。人工的で殺伐とした生活に陥りやすい。そこでパク市長は「一家庭一坪菜園運動」を提唱して、推進している。

大都会のソウル市でも、一家庭当たり一坪なら確保できる。野菜を育てることで、自然の恵みで生きる感性を培うことは可能だ……と、パク市長は考えた。そして今、ソウル市は都市農業ブームだ。

田舎と違って、都会は制約だらけだ。まずは農地が無い。だから、ベランダや屋上を使ったり、玄関前にポットを立体的に吊るしたり、台所のカウンターの上にガラス鉢を置いたり……と、様々な工夫をする。都会に住む人はオシャレにすることが得意だから、アートレベルも高い。

ペットボトルでレタスの栽培

しかし都会の人は農業に慣れていない。野菜づくり・米づくりに憧れる人は増えているが、手を出す人は少ない。だから手を出しやすくサポートする月3万円ビジネスが有意義だ。テーマはタクサンある。

奥山育子さん（神奈川県横浜市）の月3万円ビジネスは、在来種の野菜づくりワークショップだ。都会の人に有機野菜づくりを、オシャレに愉しんでほしいと奥山さんは願っている。

年間9回のワークショップで19種類の野菜を栽培する。三月はジャガイモ&インゲン、四月は里芋とショウガ、五月はミニトマトとバジル、六月はナスと枝豆、七月はゴーヤと長ネギ、八月はカブと春菊とカラシナ、九月はキャベツとリーフレタス、十月はほうれん草とタマネギ、最終回の十一月は苺《いちご》とニンニク。

この19種類はよく考えられている。一年にわたって旬の野菜を愉しめる。コンパニオンプランツも採り入れられている。例えばトマトと一緒にバジルを植えておくと、コナジラミなどの害虫を遠ざけて、トマトの生育を助けてくれる。

19種類の野菜を広大な畑で栽培……ではなく、プランターで栽培する。プランターの数はワークショップの回数と同じ9個。これなら都会の集合住宅でも可能だ。

ワークショップでは、プランター・固定種の種・有機肥料がセットで提供される。プランターの作り方、種を自家採種する方法、有機肥料の作り方も伝授されるから、翌年からはすべて自前でできるようになる。

参加費はワークショップ1回につき3500円。9回全部に参加すると3万1500円。高く感じるかもしれないが。一生のことと考えれば安すぎるとも言える。

ワークショップには美味しいオヤツと愉しい会話がセットになっていることは言うまでも無い。友情が生まれることも当然だ。

オシャレなエコ

年ごとに気象の異常さが増す。誰もが気候変動を実感するようになった。知識層の間では、環境を意識した行動は定着した。一方、情報過多・やること過多で飽きっぽくなった日本人は、エコにも飽き始めた。経済は収縮段階に移行して、環境に配慮する余裕すら失いつつある。

だから、ただのエコでは人は動かない。ビジネスにもなりにくい。ならば、オシャレなエコならどうだろう。成熟社会に入った日本人、特に都会の人は3K（汚い・きつい・危険）は嫌いだが、オシャレなこと・愉しいことは大好きだ。ビジネスにもなりやすい。月3万円ビジネスのテーマはたくさんある。

#4 天ぷら油で走る車

天ぷら油の廃油で車を走らせる。エコでカッコイイ。先日もミュージシャンの松谷冬太さんに勧めた。天ぷら油の廃油をもらいながら巡業公演する。車から電力を取り出すこともできる。「いま使っているスピーカーの電力は、この町の○○さんから頂《いただ》いた天ぷら油の廃油で……」などとトークする。いい雰囲気になりそうだ。

車でなくてもいい。定置型のディーゼルエンジン発電機を設置し、天ぷら油の廃油で自家発電する。国分寺にあるカフェスローの吉岡淳さんに勧めたら「ヤル！」と叫んでいた。天ぷら油の廃油を持参してくれたお客には、コーヒーのサービス券を渡す。客と店の間にエコな共感が生まれるかもしれない。

植物油でディーゼルエンジンを動かす方法としては、ＢＤＦ（バイオ・ディーゼル・フューエル）がよく知られている。天ぷら油の廃油からＢＤＦを作る、あるいは菜の花を栽培して、菜種油からＢＤＦを作る。作ったＢＤＦでディーゼルエンジンを動かす。

但し、植物油からＢＤＦを作るには、高級な薬品を使って、植物油の中のグリセリンを取り除く。僕もたまにやるけど、少しばかり面倒だ。費用もかかるので、実施する人は少ない。

諸留さんと SVO 改造車

実は、天ぷら油の廃油そのもので車を走らせることもできる。僕のオススメはこちらだ。グリセリンを取り除かないので油は粘っこい。だから寒い時には、ディーゼルエンジンの配管の細いところで詰まってしまう懸念がある。そこで寒い時には、エンジン始動時と停止時だけは軽油に切り替える。つまり、タンクをひとつ追加し、追加したタンクには軽油を入れておいて切り替える。このようなやり方はSVO（ストレート・ベジタブル・オイル）と呼ばれる。

普通のディーゼルエンジン車やディーゼルエンジン発電機をSVOが使えるように改造するには、タンクを追加して、切り替えられるようにすればOK。きちんとやれば法律には触れない。

諸留章二さん（栃木県那須塩原市）の月3万円ビジネスは「天ぷら油車に改造ビジネス」だ。諸留さんは技術者だが、車やエンジンについてはまったくの素人だ。天ぷら油車に改造することを自分でやってみたら、簡単にできたので感動したそうだ。

そこで、自分の車を天ぷら油で走る車に改造したい人から、改造作業を3万円で引き受けるビジネスを始めた。要する時間は半日程度だ。ひと月に1台だけ引き受ける。エコな会話もたっぷりする。ひと月にひとりずつ、いい仲間が生まれるかもしれない。

#5 非電化冷蔵庫をつくる

電気が無くても冷やせる……と言うと、驚く人が多い。人が驚くと愉快なので、非電化冷蔵庫を発明してみた。二〇〇一年の話だ。

モノの表面から赤外線が空に放射されるとモノは冷える。この放射冷却を積極的に起こさせて水を冷やす。冷えた水で庫内を低温に保つ。こうすれば非電化冷蔵庫ができる理屈だ。やってみたら本当に冷えた。

夏に羊の肉が3日で腐る……とモンゴルの遊牧民が困っていた。非電化冷蔵庫を作ってあげたら涙を流して喜ばれた。二〇〇四年の話だ。

非電化冷蔵庫が欲しいから売ってくれ……と言う日本人が、このごろ多い。非電化冷蔵庫なら自分で作れる……と言うと、「デキナイ」とみなが答える。この国では専業生産者と専業消費者とに分業が進んでしまったようだ。

非電化冷蔵庫のワークショップを開くから……と募集したら、20人の定員が2日で埋まった。熊本から2日かけてワゴン車で来たご夫婦もいた。出来上がった非電化冷蔵庫を持って帰るためだ。「文系のお母さん優先」と募集したら、20人の定員は、文系のお母さんだけで埋まった。作業の間中、お母さんたちの目は輝いていた。夕方に出来上がった時には、全員が涙を浮かべていた。大袈裟に聞こえるかもしれないが、本当の話だ。

このような「モノ作りワークショップ」を数限りなくやってきて、よくわかった。文系のお母さんだって、小学生だって、ジイさんだって、アフリカ人だって、本当はモノ作りが好きでたまらない。

本当は好きでたまらないのに、作らない癖《くせ》が付き、作れないと思い込み、専業消費者におさまっている。何かの罠にちがいない。

罠を取っ払うのが「モノ作りワークショップ」だ。簡単な割にはスグレモノができる

非電化冷蔵庫のワークショップ

……そういうテーマを選ぶ。参加者全員がハンパでない感動を持って帰れるように、アレヤコレヤ配慮する。

モノ作りワークショップは、月3万円ビジネスとの相性が良い。テーマはたくさんある。非電化冷蔵庫は、ほんの一例に過ぎない。説明は省くが、月に2日程度の仕事日数で、月に3万円を稼ぐことは難しくない。

ノウハウは、非電化工房のワークショップに参加した人から伝授してもらえばいい。非電化工房のワークショップに直接参加してもいい。権利金を寄こせとか、ケチなことは言わない。月3万円ビジネスは、分かち合いのビジネスなのだから。

#6 在来種の種子を売る

ラウンドアップというモンサント製の除草剤は有名だ。この除草剤を撒《ま》くと、雑草も作物も枯れる。モンサントの種からの作物だけは枯れない。モンサントの種子は、遺伝子操作してラウンドアップへの耐性を強くしてあるからだ。雑草退治という厄介《やっかい》な作業から解放されるので、ラウンドアップ＋モンサントの種子は世界中で売れに売れている。

遺伝子組み換えではないが、Ｆ１という種子がある。自動車レースのＦ１ではない。交配して一代目の種子のことだ。一代目だけは優位な性質が現れるという遺伝の法則を利用する。この種子を蒔《ま》いてできた作物から採取した二代目以降の種子には優位性は現れない。だから、種苗会社から常に新しい種子を買うことになる。巨大な種子産業の誕生だ。

遺伝子組み換えやＦ１と対比されるのが在来種だ。固定種とも言う。在来種というのは、昔から栽培されている作物から採った種子のことだ。交配で品種改良したものも含まれている。何代も経て、品種は安定しているが、Ｆ１に比べると成長が遅いなどの難点（？）がある。

生態系の多様性と環境循環性の二つで地球の持続性は守られる。しかし長年にわたって多様性と循環性が破壊され続けた結果、地球の持続性は脅かされている。誰でも知っていることだ。だから世界中で様々な努力がなされている。なのに、モンサントもＦ１も売れ続ける。種子の企業支配だ。このまま行くと何が起きるのだろう。考えると、ゾッとする。

自然農園や家庭菜園やガーデニングを愉しむ人の中には、遺伝子組み換えやＦ１種子を使いたくないと考えている人は少なくない。遺伝子組み換えは判別できるのだが、Ｆ１と在来種の区別が難しい。自家採取した種子を蒔いた後で、実はＦ１由来だったことがわかったという笑い話もある。山梨県にあるＮＰＯ都留《つる》環境フォーラムは、在来種の種子を育てて提供しているが、求める人は増え続けていて供給が追いつかないそうだ。

そこで、在来種の種子を売るという月３万円ビジネスはどうだろうか。仲間や知り合いの自然農園や家庭菜園で、在来種の種子を手に入れる。採取してあげて、一部戻して残りをタダでもらうやり方でもいいし、採種ワークショップを開いて、大勢で採種ツアーを開催してもいい。採種の際には、種子の由来や作物の特徴、種蒔きの時期、育て方のコツなどもしっかりヒアリングする。

一方で在来種の種子が欲しい人を募集する。応募した人に採種した種子を有料で提供する。ヒアリングした情報もセットにする。差し支えなければ種子を提供した人の個人名も知らせる。在来種の種子が欲しい人たちが採種ワークショップに参加して、参加者同士あ

自家採取種

るいは種子の提供者と交流できれば最高だ。温もりのあるネットワークができる。

　種子を提供する人と、種子をもらって蒔く人のマッチングは、双方の距離が短い方がいい。距離が離れると在来種のはずが外来種（？）になってしまう上に、育て方のコツなどの経験が活かされない。人と人が結びつかない。だから、種子が欲しい人をインターネットで広域募集してもいいが、マッチングは狭域に留める。

　この月3万円ビジネスの意義は大きい。種子の企業支配にブレーキをかけて生態系の多様性を守るばかりでなく、種子を通して人と人が温かく結び付く。月3万円ビジネスとしても確実に成立する。

#7 コンポストをつくる

コンポストは、生ゴミや青草を微生物の力で肥料に変える。一九九〇年代には大流行した。コンポスト購入代金を補助する自治体も多かった。家庭から出るゴミの3分の1は生ごみである上に、水分が多いので燃えにくい。自治体が補助金を出す理由だ。

やがて流行は下火になった。肥料を使う畑が無いとか、高い・臭い・汚い・面倒くさいなどが下火になった理由だ。だが、コンポスト復活の兆しが最近顕著だ。新型コンポストの開発も盛んだ。有機農業や家庭菜園を志向する人が増えたからだ。環境系の市民団体でも、コンポスト普及はポピュラーな活動のひとつだ。「ゼロ・ウェイスト（ゴミゼロ）」を目指す市町村もある。例えば徳島県上勝町《かみかつ》。二〇二〇年までにゼロ・ウェイストを目指している。家庭でのコンポスト普及率はすでに98％に達している。

となると、コンポストづくりが今さらビジネスにはならないだろう……と思うかもしれないが、そうでもない。上勝町は稀有《けう》な例で、日本全体では自治体によるゴミ処理量は増加の一途だ。

そもそも日本はゴミ焼却大国だ。世界中の一般焼却炉の3分の2は日本にある。焼却費用も馬鹿にならない。例えば人口20万人の小田原市。焼却費用は年間で22億円だ。こんな

回転式コンポスト

無駄なことがいつまでも続くはずがない。

だから、コンポストがもっともっと必要だ。但し、コンポスト流行が下火になった理由を解決しておかなければならない。先ずは作った肥料の使い途。後述のベランダ菜園やバケツ稲作のような月3万円ビジネスとセットにする。農業をやりたいけどできないと思い込んでいる人が都市には多い。この人たちに、オシャレな農業とオシャレなコンポストをセットで提供する。

価格が高いのは、温めたり、空気を混ぜるのに電気を使うからだ。だから、電気を使わないコンポストは安くできる。そもそも生ゴミの分解に電気を使うのはヘンだ。

ゴミや青草の分解は好気性微生物に頼ることになる。好気性微生物が元気に働くと、分解は速やかに進む上に、臭わない。好気性微生物に元気に働いてもらうためには、空気とよく混ぜる必要がある。電気を使わないコンポストの場合、この混ぜる作業が面倒くさい。これを面倒くさくなくするコンポストがいい。

写真のコンポストは僕の弟子たちが作った木製コンポストだ。六角形の箱の縁についている棒状の把手《とって》をつかんで回す。ゴミは内部に設けられた邪魔板に連れ回されながら撹拌《かくはん》される。２日に１回、10回転ほど回すと、好気性微生物が元気になってくれる。冬を除けば、２〜３週間でゴミは分解される。

こういうコンポストをつくるワークショップを開いたり、自分で作ったコンポストを販売したりする。コンポストから出発して、ガーデニング講座、果樹の育て方講座、在来種の採種ワークショップなどに発展させると面白い。いい月３万円ビジネスになる。

#8 井戸を掘る

自分で井戸を掘るのが、ささやかなブームだ。理由は様々だ。災害時に備えて……と言う人もいるし、水道代を節約したいと言う人もいる。確かに水道代は馬鹿にならない。例えば東京都で4人家族の場合の月平均の水道代は4400円（東京都調べ）。下水道代を加えると8800円。値上がりが続くので、先を見越すと月に1万円。20年で240万円だ。

井戸掘りを業者に頼むと50万円ほどかかる。調査・井戸掘り・手押しポンプ設置までの合計費用だ。屋内への給水装置の費用は含まれない。自分で全部やると、手製の井戸掘り機が2万円、手押しポンプが2万円、合計4万円程度でできる。但し、ここまでやる人は少ない。

そこで、みんなで井戸を掘るワークショップという月3万円ビジネスはどうだろうか。三重県桑名市の坂本時一さんの月3万円ビジネスだ。井戸掘り機は坂本さんが保有しているものを使う。垂直にハンマーで打ち付ける井戸掘り機や、みんなでクルクル回しながら掘る機械が用意されている。数人以上の人が集まれば、こういう人力井戸掘りの方が愉しい。10メートル程度の深さなら一日仕事だ。

人が集まらない場合には、エンジンで動く井戸掘り機を使ってもいい。エンジン井戸掘り機本体は2万円程度で買える。ドリルや延長棒を加えても5万円程度で収まる。やぐらや泥水ポンプまでセットになったものでも20万円程度で購入できる。

手掘りの井戸（ジンバブエ）

井戸を掘りたい人を募集し、家族や友人を集めてもらう。井戸掘り機を持参して、指導しながらみんなで井戸を掘る。めでたく水が出たらポンプ代を含めて10万円、残念ながら水が出なかったら2万円だけ頂く。経験を積めばハズレの率は低くなる。1回の井戸掘りに要する時間は準備も含めて2日程度。年に6回程度の仕事で月平均収入は3万円程度にはなる。

「みんなで井戸掘り」は僕も何回か経験しているが、とても愉しい。水が出た時の感動は大きい。井戸掘りに参加した人は自分の家にも井戸を掘りたくなる。すると前に一緒に掘った人が応援に来てくれる。井戸掘りの輪が広がりそうだ。

#9 箒をつくる

電気掃除機を使って掃除をしている女性に集まっていただいた。2回に分けて合計34人。最新鋭の電気掃除機（3万5000円）と名人の箒《ほうき》（8000円）の掃き比べが目的だ。同じように散らかして、同じように掃いてもらった。「どちらが上手く掃けましたか？」という質問には、「名人の箒の方が格段に上手く掃けた」と34人全員が答えた。「どちらが愉しく掃けましたか？」と訊くと、34人全員が「比べものにならないくらい名人の箒が愉しかった」と言う。「では、なぜ普段は電気掃除機で？」と訊くと、全員が異口同音に「明日から名人の箒にします」と答えた。このテストはフローリングと畳の床に限ったテストだ。因みに34人の家ではカーペットを使っていない。

笑い話のようだが、本当の話だ。しかし、電気掃除機だけで、標準的な原発1.2基分の電力が消費されていると聞くと、笑い話では済まされない。名人の箒を流行らせたい気分になる。名人の箒はしなやかだ。床からの反力が身体に伝わってきて気持ちがよい。軽いし、なによりも美しい。但し8000〜3万円と、少し値が張る。

名人と同じような箒をつくることは、実は難しくない。材料の「箒もろこし」を手に入

手製の箒

れる。箒もろこしの栽培は難しくない。種を手に入れて五月に植えれば九月には刈り入れができる。名人の箒の秘訣は箒もろこしをより分けて粒揃いにすること。直径15〜20㎜くらいの束にして、太い糸でしっかり縛り上げる。これを柄にT字型に固定された板（例えば厚さ2㎜のアルミ板）を挟むように両側にきっちりと並べて、太い糸でしっかり固定する。少しでもぐらつくと名人から外れる。柄も軽いものを探す。よく探せば、ホームセンターにもいぶし竹が売られている。これで、掃き心地だけは名人の箒と大差なくなる。

問題は美しさだ。名人の箒は箒もろこしを編み上げながら、美しい糸を使って固定する。まるで美術品のように美しい。同じことを実現しようとすると、自分も名人になる修行が必要だ。

ならば、違った方法で美しくする。例えば美しい布の端切れを被《かぶ》せる。美しい革の端切れを被せてもいい。和風にこだわらないで、思い切ってイタリア風やスペイン風を試みる。

このようにして名人に近い箒が作れるようになったら、ワークショップを開いたり、マルシェやイベントで販売したりする。一本5000円程度が値ごろのようだ。友人のカフェの壁に美しく展示して、注文を取り次いでもらってもいい。月に3万円くらいは稼げるはずだ。癖が付いた箒はスティームを当てれば真っ直ぐに戻せる。こういうメンテナンスサービスを1000円くらいで引き受ける。いいものを直しながら長く使うのはカッコイイ。

箒が軌道に乗ったら、次はアートな塵《ちり》取り、アートなハタキ、魔法使いのお婆さんに似合うコブ・ウェブ（すす払い用の箒）などなど、発展性は豊かだ。

#10 グリン・カーテン

夏が暑い。だからエアコンをよく使う。エアコンが好きなのかと訊くと、「嫌いだから、なるべく使わないようにしているが、耐え難いときは使う」――そういう人が圧倒的に多い。問題は耐え難いときが多すぎることだ。地球温暖化のせいではない。家のつくりのせいだ。エアコンが無ければ生きてゆけないような家ばかりが建ってしまった。

夏でも涼しい家をつくるのは難しくはない。戸建て住宅を新築するならばだ。僕自身、自宅でエアコンを使ったことはないが、我慢しているわけではない。家の建て方を工夫しただけだ。新築ではない家の場合には、どうしようも無いかといえば、そうでもない。工夫すれば、ある程度は涼しくなる。エアコンを使う日数を半分くらいに減らすことはできそうだ。

エアコンを使う日数が半分くらいで済むように手伝って上げる。こういう月3万円ビジネスはたくさんある。ついでに、暖房費を半分に、あるいは除湿機を使う日数を半分にするビジネスも併行すれば、年間を通じての仕事になる。

〝全部〟ではなくて〝半分〟という考え方が月3万円ビジネスになじむ。全部を求めると技術的にも高度になり、価格も高額になる。半分なら、簡単な技術で低額で可能になる。特別な設備も資格も要らない。大金は稼げないが、月3万円くらいなら十分に稼げる。

例えば、グリン・カーテン。南側の窓の外側に、観音開きの窓枠を追加する。この窓枠の下部には、プランターが置けるようになっている。プランターには夏に葉が茂る植物が

グリン・カーテン

植えられる。暑い時には水やりを多めにする。至って簡単な構造だが、効果は大きい。茂った葉が日光を遮る効果に、水が蒸発する時に気化熱を奪う効果が加わるからだ。更に大きいのは、見た目の効果だ。涼しそうな上に、窓の外が緑で覆われ、木漏れ日が美しい。

風が入ってこない時には、扇風機を窓際に置く。背を窓に向けて風を室内に送るようにすると、涼風が入ってくる。グリン・カーテンが邪魔な時には開いて留めておく。ひとつの窓当たり1万8000円程度で請け負う。材料費3000円程度を差し引いた実収入は1万5000円。

月にふたつの窓の注文を取れば月3万円になる。

#11 ガラス瓶浄水器

日本の水道事情は良くない。水質がますます悪くなっているので、処理にお金がかかり過ぎる。だから水道料金が高い。これからは更に上がる。しかも美味しくない。塩素を混ぜすぎるからだ。ついには、塩素に耐性を持つ病原性原虫クリプトスポリジウムが上水に混ざって問題になったりしている。

だから、美味しくて安全な水を安く提供するビジネスはたくさん有る。井戸掘り（#8で紹介）もそのひとつだし、前著『月3万円ビジネス』（晶文社）で紹介した「雨水トイレ」もそのひとつだ。「浄水器をつくる」のも、いい月3万円ビジネスになる。

写真の浄水器を見ていただきたい。僕がつくった「ガラス瓶浄水器」だ。ホームセンターで手に入る材料だけでつくってみた。和歌山県の山崎さんがつくったものを、非電化工房から販売もしている。山崎さんは僕の弟子のひとりだ。これを購入して、お手本にして自分たちでつくっている人たちは全国にタクサンいる。

ガラス瓶浄水器

家庭用の浄水器の普及率は30％以上だ。ホームセンターに行けば、名だたる大企業製がズラリと並んでいる。なにも今さら自分でつくる必要は無い……と思うかもしれないが、そうでもない。

本格的な浄水器は10万～30万円する。年に約1万円のカートリッジ代がプラスされる。20年で計算すると、ざっと40万円だ。何年か使った浄水器を分解してみると、器やホースの中がヘドロのような状態になっていて驚くことがある。中で微生物が繁殖している証拠だ。

自分でつくれば、材料費2万円程度で済む。カートリッジ交換は不要だから、20年で計算しても2万円。大企業製のものの20分の1だ。ならば、性能も20分の

1以下かと言うと、そんなことはない。浄水器が化学物質を取り除く性能は、大ざっぱに言えば中に入っている活性炭の量で決まる。写真のガラス瓶浄水器は、活性炭を多分日本一たくさん入れてあるので、性能に遜色は無い。

せっかく自分でつくるのだから、大企業ではできないことをやりたい。例えば、ホースも瓶も透明にしてしまう。中で不衛生なことが起きていれば一目瞭然だ。実は、ガラス瓶浄水器は、時々熱湯消毒する。瓶の蓋《ふた》を緩めて、やかん1杯の熱湯を注ぐ。夏は2週間に1回、冬は2ヶ月に1回程度だ。これをサボると、ホースや瓶の中は黒や褐色や緑になる。その場合は、ホースや活性炭だけを交換する。2000円程度の出費だ。

時々熱湯を注ぐのは少し面倒くさい。面倒くさいけど、自分たちの安全を自分で守ることができる。お金もかからない。つまり。知性が要求される。こういうものは大企業では無理だ。不特定多数の消費者に販売するので、誰でも扱える方式でなければ困る。

月3万円ビジネスなら話は別だ。自分たちの安全は自分で守りたい……という文化を共有する人たちだけに丁寧に薦める。安全を守るための面倒くささだということを素直に理解してもらえる。

材料費に5000円程度を足した金額で販売したり、ワークショップを開いてみんなでつくる。月に6人くらいが集まれば月3万円ビジネスになる。ついでに、水のことも愉しく勉強する。水ツナガリで太陽熱温水器をつくるワークショップや雨水トイレなどに誘って上げる。月3万円ビジネスが連鎖する。

#12 循環式手洗い器

いつでもどこでも食べたり飲んだりする。この頃の日本人のことだ。だから、手をよく洗った方がいい。イベント会場やマルシェや運動会……食べ物屋だらけだ。例えばアースデー東京。食べ物の屋台を出せば必ず売り切れるから、出店は競争だ。ところが、手を洗っている人は滅多にいない。手洗い器はトイレにしか無いからだ。なぜトイレにしか手洗い器が無いかというと、アッチコッチに設置すると膨大なお金が要るからだ。

庭や作業場に手洗い器が欲しいという人は多い。しかし新たに手洗い器を設置しようとすると、器具と工事で30万~60万円くらいの費用がかかる。だから、設置する人は稀《まれ》だ。

写真の手洗い器を見ていただきたい。韓国のソウルで開催された都市農業博覧会の会場に設置された循環式手洗い器だ。ペダルを足で踏むとタンクの水が蛇口から出てくる。洗面器で受けられた水は下のタンクに戻る。つまり、循環式だ。循環式だから市水道と繋ぐ

循環式手洗い器

必要はない。足踏み式だから電線と繋ぐ必要もない。

　このまま循環していると、水はだんだん汚れてくる……ことはない。フィルターで濾過《ろか》され、薬液で殺菌されるから、水はいつも澄んでいて衛生的だ。

　この循環式手洗い器を制作して、アッチコッチに設置してもらう。設置費用は1台当たり2万円ほど。市水道と繋ぐのに比べれば数十分の一の費用だ。月に2台くらい売れれば、月3万円ビジネスになる。ワークショップで一緒に作ってもいい。

　電力会社の電力網、ガス会社のガスパイプライン、水道局の上下水道、通信会社の通信網、更には金融機関や通販会社の顧客情報網、住基ネットなどなど、この頃の日本人は××網でガンジガラメだ。××網はグリッドとも言う。グリッドを更に縦横無尽にしてコンピューターでコントロールすることも、これから流行りそうだ。スマート・グリッドと言うのだそうだが、なんだか息苦しい。お金ばかり取られる気がする。

だから、オフ・グリッドを喜ぶ人も増えてきそうだ。オフ・グリッドのトイレ、オフ・グリッドの電力、オフ・グリッドの水道などなど。エコロジーという点では優等生だ。お金もかからない。ついでに言えば災害にも強い。循環式手洗い器もオフ・グリッドだ。オフ・グリッドは月3万円ビジネスと相性が良さそうだ。循環式手洗い器から出発して、いろんなオフ・グリッド月3万円ビジネスに発展させると面白い。

#13 1枚のチラシ

都会ではエコロジー活動は難しいと言う人は多い。しかし、環境破壊の一番の原因は過剰な消費だ。その過剰な消費で成り立っているのが都会であるとすれば、都会にこそエコロジー活動の種は多いはずだ。

ＷＷＦハンガリーの１枚のチラシ

例えば広告。都会では広告のために膨大な電力や紙が使われている。広告を否定するのは非現実的であるとするならば、せめて電力と紙の浪費を減らせないだろうか――そう考えた人たちがいる。ＷＷＦハンガリーの面々だ。ＷＷＦは世界自然保護基金の略。人類が自然と調和して生きられる未来を目指し、約100ヶ国で活動している。ＷＷＦ日本もある。

ＷＷＦハンガリーの「１枚のチラシ」のアイディアは秀抜だ。２人１組でエスカレーターの上下に立ち、回覧式のチラシを渡す。例えば、下で渡した回覧板式チラシを上で回収する。電気は使わない。紙が無駄に捨てられることは無くなる。広告効果も大きい。エスカレーターに乗っている間は暇なので、よく見てくれるからだ。

エコのために回覧式にしていることが、さりげなく表示されているので、好意的に受け入れられる。「チラシはエコに反する」と思っていた人は、案外多かったようだ。但し、チラシの広告内容がサラ金だったり、風俗営業だったりでは反発を買う。

2人1組で1時間当たり4000円を広告主から受け取ることにする。月に15時間ほど働けば、ひとり当たりの収入は月3万円になる。都会で乗降者が多いエスカレーターと時間帯を選べば、広告主にとっては、一般の広告よりもコストパフォーマンスがよい。実はWWFハンガリーはこのアルバイトで活動資金を稼いでいる。

「1枚のチラシ」は一例に過ぎない。都会は月3万円ビジネスの宝庫だ。月3万円だけ稼げばいいからだ。環境にいいことで愉しく稼ぐ……都会も悪くない。

#14 パッシブ・ソーラー・リフォーム

パッシブ・ソーラーというのは、電力や燃料は使わず、太陽熱や自然の原理だけを使って快適で健康な家をつくる手法のことだ。この手法でつくられた家をパッシブ・ソーラー・ハウスと言う。'70〜'80年代には世界中で流行った。'90年代からは忘れ去られた。電力や石油・ガスを使った方が手っ取り早いからだ。

この頃、パッシブ・ソーラーが見直されている。電力や石油・ガスを使うよりも自然原

置屋根

理を使う方がカシコイ……と考える人が増えてきたからだろう。

パッシブ・ソーラーの技法はたくさんある。一番単純な技法は、太陽熱の蓄熱。窓を高くすると、冬の陽射しが室内の奥まで届く。太陽光を吸収しやすく、かつ蓄熱しやすい材料で奥の壁と床をつくる。例えば茶色の日干しレンガは適度にムラがあって雰囲気がよい。たったこれだけのことで、太陽が照っている日は、夜も温かい。

パッシブ・ソーラーの技のひとつは「置屋根」だ。屋根の上に、スペースをあけて、もう一枚の屋根（＝置屋根）を載せる。スペースの部分は風が通るようにしておく。そうすると、夏涼しく、冬温かい家になる。

理屈は簡単だ。夏に室内が暑くなる最大の原因は屋根がチンチンに熱くなること。車のボンネットが夏に熱くなるのと同じだ。この熱が室内に伝わってきて暑くなる。置屋根を載せると屋根の表面は外気温程度まで下がる。だから室内は暑くならない。

冬は室内の温かい空気は上方に移動し、屋根に伝わる。屋根は風や放射冷却で冷やされる。こうして、室内の熱は逃げてしまう。置屋根を載せると風や放射冷却を防ぐので室内の熱は逃げにくくなる。

この置屋根は、いいビジネスになる。トタンの波板と角材だけで置屋根をつくり、風で飛ばないように屋根に固定するだけでよい。材料費は一坪当たり4000円程度。屋根を葺《ふ》くのと違って簡単だ。

#15 非電化換気孔

日本は湿気が多い国だ。だから家の中はカビだらけ、ダニだらけ、子どもはアレルギーだらけ。「高気密・高断熱・新建材・エアコン完備」の家のせいだ。一九七〇年くらいまでは、カビもダニもアレルギーも桁違いに少なかった。

だから一九七〇年以降、除湿機やケミカル除湿剤が売れるようになった。それでもダニ・カビ・アレルギーは増える一方だった。9歳以下の子のアレルギーは、一九八四年には25％を超え、二〇〇〇年には50％を超えた（厚労省）。

そこで、ダニやカビを殺す塩素系の薬品が売れるようになった。しかし、今度は化学物質過敏症や電磁波過敏症の人が増え、ついには日本人の10％以上が化学物質過敏症、8％以上が電磁波過敏症（一九九八年十一月、朝日新聞）という事態に至る。

実は、ダニ・カビ以外にも問題はある。室内の空気中に漂う揮発性有機化合物だ。合板や集成材などの建材から発散されて、頭痛や吐き気などの症状を引き起こす。シックハウス症候群としてよく知られている。

だから、換気をよくすればいいのだが、換気をすると湿気が入ってきてしまう。シックハウス症候群の問題は解決できるが、ダニ・カビの問題は残っている。

ならば、湿度の高い時は閉じて、乾燥している時だけ開く換気孔があればどうだろうか。正倉院の校倉造りのようなものだ。校倉造りは乾燥しているときは壁に隙間ができ、湿気ているときは塞がる。木材は乾燥していると縮み、湿気ると膨らむ性質を利用している。

写真を見ていただきたい。中央の板は回転自由になっていて、換気孔を閉じたり開いた

非電化換気孔

りする。板の左端はナイロンの紐《ひも》で引っ張られている。右端はステンレスのスプリングで引っ張られている。湿度が高い時には、ナイロンの紐は伸びるので、スプリングの力が勝って、板は右回転して換気口を閉じる。乾燥している時には、ナイロンの紐は縮むので、スプリングに打ち勝って、板を左回転して、換気孔を開く。

ナイロンの紐は直径1㎜程度、長さは5mほどが適切だ。床下に這わせれば5mくらいは張れる。雨に濡れなければ軒下でもいい。板の開閉の境目は相対湿度60%くらいが適切だと思う。つまり、60%より低いと開き、60%より高いと閉じる。相対湿度が60%くらいの日を見計らって調整すればいい。

非電化工房の施設には、この非電化換気孔が付いている。10年来、カビが生えたことは無い。材料費は、ナイロンの紐が50円、スプリングが70円だけ。50年くらいは保《も》ちそうだ。電気代はタダだ。

この非電化換気孔はスグレモノだと思う。これを既存の家に取り付けるという、月3万円ビジネスはどうだろうか。すでに始めている人もいる。一ヶ所につき3万円で引き受ける。制作・施工には2日あれば足りる。月に一ヶ所の仕事で月3万円ビジネスになる。作り方は非電化工房のホームページに記載してある。

#16 デカ・スイッチ

ドイツに行ったことのある人は、スイッチの大きさに驚いたに違いない。家庭でもオフィスでも、照明のスイッチはバカデカイ。ざっと10cm×10cmくらいが平均値だ。「日本のスイッチだって7cm×12cmくらいはある」と言うかもしれないが、それはスイッチボックスの話。動く部分の大きさは2.2cm×1.5cmくらいしかない。ドイツのスイッチは動く部分が

ドイツのデカ・スイッチ

10㎝×10㎝。面積で言うと日本の30倍だ。

だから、日本人はスイッチを指で操作する。ドイツ人は掌で操作する。荷物で手が塞がっている時には肘で操作したりする。30年ほど前に、スイッチが大きい理由をドイツ人に質問したら、全員が答えられなかった。日本の小さいスイッチとどちらが好きかを尋ねたら、全員が大きいスイッチと答えた。

デンマーク人も大きいスイッチが好きだ。やはり10㎝×10㎝くらいの大きいスイッチがほとんどだ。

ドイツ人のスイッチはいつも真っ白だけど、デンマーク人は色を付ける。さすがはデンマーク、部屋全体に調和しながらオシャレだ。

僕もデンマーク式の方が好きだ。スイス人も大きいスイッチが好きだが、いつも真っ白だ。

照明のスイッチが大きいと、部屋全体が美しくなるし、スイッチ操作もしやすくなるのだが、実はもっと大きい効用がある。照明のスイッチを小まめに消すようになることだ。よく知られているように、家庭用の消費電力は照明とTVがトップを競っている。だから照明のスイッチを小まめに切ることは省エネ効果が大きい。

「たかがスイッチを大きくしたくらいで……」と思うかもしれないが、意外に効果は大きい。照明のスイッチを小まめに切るようになると、TVをつけっ放しということもしなくなる……という副次効果も生じる。「省エネ・省エネ」と頭を切り替えるよりも、スイッチを切り替える方が面白そうだ。

そこで、「スイッチを切り替える」という月3万円ビジネスはどうだろうか。既存のスイッチをデカ・スイッチに付け替えて上げるサービスだ。木やプラスチックのボードと既製品のスイッチを使えば簡単に作れる。木の表面に漆《うるし》を塗るなどすれば、アートなスイッチが出来上がる。既存のスイッチと付け替える配線工事は簡単だ。自分で配線工事ができる人にはスイッチだけを販売する。できない人には取り付けサービスを低料金でやって上げる。

こんな簡単なことで電気代は節減できるし、部屋も美しくなる。月3万円ビジネスとしても十分に成り立つ。難しいことばかり考える必要はない。

#17 窓に花を飾る

ドイツの話をもうひとつ。ドイツの住宅街を歩くと、どこの家も窓際に花を飾っていることに気付く。

だから通りを歩くと美しい。スイスでもオーストリアでもそうだ。ドイツ人に尋ねたことがある。「どうして窓際に花を飾るの?」と。なんでそんなことを訊くんだ……というような顔をしながら、全員が同じ答えを聞かせてくれた。「その方が美しいからだよ!」と。30年ほど前のことだ。

実は、虫が家の中に飛び込んでくるのを防ぐのが、窓際に花を飾るようになった理由だ。ごく限られた人しか、その由来を知らない。虫は花を求めてくるのだから、窓際に花があれば、わざわざ部屋の中までは入ってこない。虫にとって、部屋の中は恐怖に満ちているのだから。

但し、人間の血を求めてくる蚊《か》は、花を飛び越えて部屋の中に入ってくる。蝿《はえ》も入ってくる。だから、蚊や蝿が入ってくる時期には、網戸や蚊取り線香などの手段を講じればいい。そうでない時期は、あの不愉快な網戸は外した方が気持ちよい。そう教えてあげたら

窓に花を飾る

ドイツ人に喜ばれた。

窓際に花を飾るには、窓の外側にボックスが必要だ。このボックスと鉢植えの花のセットを提供して上げる。ボックスは、風が吹いたり地震が起きても落ちないように設置する。自分でできない人には設置して上げる。一ヶ所の窓当たり６０００円くらいでどうだろうか。原価は１０００円ほどだから、一ヶ所で５０００円くらいの収入になる。ひと月に６ヶ所くらいの注文は取れそうだ。これで月３万円になる。

この月３万円ビジネスは温もりがあっていい。窓際に花があると家の中からの景色が美しく変わる。心も穏やかになる。外からの景色も変わる。通りを歩く人の気持ちも優しくなる。

こういう月３万円ビジネスから入ると、売る人と買う人の間に仲間意識が生じやすい。街を美しくする仲間であり、丁寧な暮らしを大切にする仲間だ。他の月３万円ビジネスにも発展しやすい。

人と人を温かく繋ぐ

孤立して競争させられる時代が長く続いた。その反動だろうか、いま世界中の人々が繋がりを求めはじめた。インターネットの普及が助けになっている。器用な人たちはドンドン繋がっているが、相変わらず孤立している不器用な人は多い。そういう不器用な人たちだって、実は温もりのある人間関係に飢えている。だから、人と人を温かく繋ぐ月３万円ビジネスは喜ばれる。テーマはたくさん有る。

藤村百合子さん（右）と坪山ますみさん

#18 フラワー・シスターズ

藤村百合子さんの月3万円ビジネスは「フラワー・シスターズ」だ。個人でガーデニングを愉しんでいる家庭に、花が好きな人を案内する。百合子さん自身も花を育てるのが大好きだ。花が咲くと嬉しいのだが、見てくれる人がいないと寂しい。どうやらガーデニング好きの人は、みな同じらしい。ならば、花が好きな人を案内してあげれば……と、この月3万円ビジネスを始めた。パートナーの坪山ますみさんは本当の姉妹ではなく友人だ。

春と秋に3回ずつのツアーを開催する。10時に集合し、4軒の庭を鑑賞して15時に解散する。心づくしの昼食とおやつ、それと愉しい会話は必須メニューだ。訪ねる4軒は、いずれも個人でガーデニングを愉しんでいる家庭だ。訪ねると、その家の主婦が案内してくれる。主婦と訪問者とが意気投合して友人になったりする。参加費は1人400円。

このツアーは、観光会社主催の「お庭鑑賞ツアー」と似ているようだが、まるで違う。「フラワー・シスターズ」は、観光業者が観光客を観光スポットに連れていって稼ぐ。「フラワー・シスターズ」は、素人が仲間を友人の家に案内して愉しむ。簡単なビジネスだが、月3万円ビジネスの条件を満たしている。つまり、愉しく稼いで、みんなに喜ばれている。

2年間続けたら、ファンも定着してきた。1回のツアーには十数人が参加する。「うちにも来て！」というガーデニング仲間も増え始めた。地域に友だちの花の輪が広がりつつある。

家のセルフビルドに興味を持つ人を、セルフビルドで建てた家に案内する「カーペンター・ブラザース」、自作の自家発電にチャレンジしたい人を、自作で自家発電している家に連れていく「自家発電オジサンズ」などなど、「フラワー・シスターズ」の応用範囲は広い。

#19 ゲストハウス

那須ゲストハウスDOORz（ドアーズ）――田中あさみさんのゲストハウスだ。築50年の古民家を仲間と改装して、二〇一三年秋にオープンした。

栃木県那須町と言えば、年間500万人の観光客が訪れる有数の観光地だ。しかしDOORzは観光ゾーンから外れた芦野という農村地帯にある。交通の便は大変に悪い。キャパシティーは12人だけ。金土日の3日間しか営業しない。食事は共同自炊で、部屋は相部屋。トイレと風呂は共用。しかも風呂はシャワーのみ。部屋にはエアコンはない。布団も自分で敷く。

悪い（？）条件がこれだけ重なれば、宿泊客はさぞ少ないだろうと思いきや、実は賑《にぎ》わっている。誰が泊まるかというと、自転車で一人旅をする若者や、青春18きっぷでのんびり旅を愉しむ若者、DOORzに泊まるのが目的の若者などなどだ。ついでに観光を愉しむ人もいる。観光業者が用意した観光スポットではなく、芦野周辺の鄙《ひな》びた路地や田園風景を愉しむ。昭和時代にタイムスリップしたような、ゆったりした気分になる。

宿泊客と地元の人の交流もゲストハウスの特色だ。DOORzでは、毎週土曜日は夕食会。地元の若者たちが一品持ち寄りで参加し、宿泊客と交流する。地元の若者にも人気絶大だ。

ゲストハウス DOORz

ゲストハウスでは、ワークショップも頻繁に開催する。地元の達人が講師になる。お金を使わずに、人々と交流しながら、ゆったり旅をする。最近の若い人が好むスタイルだ。ゲストハウスが賑やかになるはずだ。

ゲストハウスの経営自体は、月3万円ビジネスの範囲を超えるかもしれないが、これだけで豊かな生計を営むには物足りない。幸いに、週末の夜以外はゲストハウスは暇だ。つまり自由時間がたっぷりある。この自由時間を使って、例えば野菜をつくる。支出が減ると同時に余った野菜を宿泊客に売れば収入が増える。つまり月3万円ビジネスの複業だ。稲作のように手間がかかるものは避けて、例えばさつま芋のように、手間がかからないのに美味しい作物を選ぶとよい。

広い家を自由に使える上に、地元の仲間との付き合いは濃い。だからゲストハウスと相性の良い月３万円ビジネスはたくさん有る。例えば学童保育、イベントカフェ、フィットネス教室、調味料の量り売り……などなど、いくらでもある。いくらでもあるが、何でもいいというわけではない。地元にコミュニティーが形成されるものがいい。こうして育った地元コミュニティーと旅人とを温かく繋ぐ……ゲストハウスの今日的な役割だ。

#20 ワークショップ・ガイド

ワークショップがさかんになってきた。ストローベイルハウス（藁《わら》と土の家）づくり、アースバッグハウス（土のう袋に土を入れて積んだ家）づくり、井戸掘り、エッセンシャル・オイル（香油）づくり、精神的な問題を解決する、関係を通してパワーを構築する……などなどテーマは限り無い。いい傾向だ。従来の研修やセミナーのようにビジネスライクではない。和気あいあいと愉しく学ぶ。何かを一緒につくったり学ぶことを通して人と人が仲良くなる。テーマは人が集まってから決める……なんていう21世紀型（？）のワ

ストローベイルハウス土塗りのワークショップ

ークショップだってある。

ワークショップに参加したいけど、いつ何処で何が開催されるのか、わからないので参加できないという人は多い。そこでワークショップ・ガイドという月3万円ビジネスはどうだろうか。インターネット上で会員を募り、全国各地のワークショップの案内をして上げる。ワークショップ主催者や集まる仲間のことも紹介する。もちろん応募方法も案内する。ワークショップに参加した人の感想なども載せられるようにする。会費は年に500円だけ頂く。

多くの人がワークショップ情報を欲しているので、1000人程度の会員は集まるかもしれない。月3万円程度の収入は稼げそうだ。だが、これだけだと情報サービス、つまりアッチの情報をコッチに……に過ぎず、つまらない。長続きしそうもない。

面白くするには価値を加えればいい。例えば、ワークショップを企画してしまう。多くの人が欲しているテーマを選んで、適切な講師に主催を呼びかける。ストローベイルハウスづくりやアースバッグハウスづくりなどの「家づくり系」のテーマでもいいし、手作り太陽光発電や手作り風力発電のような「エネルギー系」も面白い。ビジョン・クエストのような「精神系」のテーマだって、多くの人が欲している。

ワークショップ自体の価値を高める役割を担ってもいい。つまり、ワークショップ主催者をサポートする。ワークショップによっては、無邪気に開催すればいいものも有れば、ちょっとした理論と技法を修得した方がいいものも有る。

ちょっとした理論と技法は、オーガナイジングとかリーダーシップとかコーチングとかファシリテーション……などなどの難しい名前がついているが、内容は大して難しくない。この理論と技法を有料で伝授する。

ワークショップで一番大切なことは、参加者が感動を持ち帰ることだと僕は思う。感動を持ち帰ってもらえば、ワークショップは持続的に発展する。感動を与えられなければ失速する。だから、感動を与える方法を主催者にアドバイスして上げることは最も価値が大きい。

#21 軽キャンで巡業

沖縄出身の友寄洋平さんは、軽キャン（軽トラを改造したキャンピングカー）で全国を巡業している。友寄さんの特技は沖縄三線《さんしん》を弾きながら唄う沖縄民謡、パチカ（アサラト）、ディジュリドゥ（オーストラリアの民族楽器）、ストローベイルハウス建設、大工仕事、軽キャンづくり……などなど。それだけでは生計は立たないものばかりだ。でも月3万円ビジネスの複業なら成り立つ。

全国に点在する仲間に手伝ってもらって、各地でワークショップや週末カフェや音楽イベントを行う。もちろん軽キャンで寝泊まりするし、食事もする。支出が少ないから、月に4回程度の開催でもお金が貯まる。

友寄さんは自分で軽キャンをつくった。改造と言っても、ツーバイフォー材とベニヤ板だけでつくる。費用は1万円ほどだ。車長3.4m・車幅1.48m・高さ2m以内という軽自動車の規定を守らなくてはいけない。元々の車体が規定ギリギリにつくられているから、結局

自作の軽キャン（デザインは狩野智美さん）

のところ荷台寸法に合わせて部屋をつくることになる。荷台の上に箱を載せるようなものだ。だから制作も固定も簡単だ。

部屋のサイズは、長さ2m・幅1.4m・高さ1.7m程度だ。床面積は約2.8㎡（＝1.7畳）程度で、やや狭い。高さ1.7mは頭が支えて使いづらい。但し、このサイズは走行時の規定だから、停車時はいくらでも広げられる。折りたたみ式あるいはスライド式にすれば、長さはそのままで、幅2.5m・高さ1.9mくらいには無理なく広げられる。床面積は3畳程度。タコス2Bよりも広い。タコス2Bというのは、日本で一番よく売れているキャンピングカーで、タコスという会社がつくっている。新車価格は400万円程度。

軽キャンはメリットが多い。軽自動車だから維持費は安い。軽トラだから四輪駆動と二輪駆動の切り替えができる。燃費も良い。価格も安い。友寄さんは、走行距離10万km以下の軽トラを30万円で購入した。改造費1万円を加えても31万円。とても魅力的だ。

軽キャン巡業の目的はお金を稼ぐことではない。自分の特技を全国の人に伝承する。逆に、全国の人から特技を教えてもらって、自分のレパートリーを広げる。技の交換を通して友情を広げる。一生の仕事ではないと思うが、若い時期に技と友情を全国レベルで広げられれば、一生の宝物になりそうだ。

#22 ナリワイづくり工房@鶴岡

〝プチ女性起業家〟8人が、月3万円ビジネスの成果を発表した。例えば「鶴岡産シルク商品の開発・製造・販売」、「オーダーメイド帽子づくりと個人レッスン」、「女性の身体のケアを相談するサロンと布ナプキンの製造販売」……などなど。二〇一四年十二月二十日、〝ナリワイづくり工房@鶴岡〟(山形県鶴岡市)の活動報告会での話だ。

活動結果報告会

この工房、主催は鶴岡市だが、主宰しているのは井東敬子さん——一児の母だ。井東さんは庄内地方が大好きだ。ここに住む人も大好きだ。大好きだから、二〇一一年に東京から移住してきた。そして、地域のみんなが愉しく生きていられ、自分の子どもがこの土地を好きでいられ、ちゃんと育ってくれることを願った。そして自分になにができるかを考えた。

「みんなが愉しく生きていくためにどうするか?」。そういう課題は行政だけでは到底解決できない。そこにいる住人が、なにかしら社会的行動をとることが必要だ。しかも多くの人が動かないとダメ……と、井東さんは考えた。そのためには動く人、つまり自分で考え主体的に行動できる人が育つことが、なによりも大切……とも、井東さんは考えた。

そんな人材が育つ仕組みとして、〝ナリワイ〟――いいこと&好きなことをテーマにして、小さな仕事を愉しくやること――を井東さんは選んだ。

いろいろ模索している内に、「月3万円ビジネス」が目に留まった。月3万円ビジネスワークショップを何度も開催した。延べにすると300人もの人が参加した。反響も大きかった。このまま続けて行けば、きっと愉しいことが起きる……と期待したが、実際に起業した人はゼロ。誰ひとりとしてアクションを起こした人はいなかった。

井東さんは、そこで一歩踏み込み、本気でビジネスをしたいという人だけを対象に、それを支援する場として〝ナリワイづくり工房@鶴岡〟を開いた。活動モデルは学校の〝部活〟。部活のノリで、好きなこと・得意なことを世の中に役立てて、それを小さなビジネス(=プチ起業)にする。

例えば「放置された柿の木の手入れと柿の葉茶製造販売」。柿の問題点を部員の話し合いで解決しつつ、ビジネスにするにはどうしたらいいか相談した。そして庄内柿の放置木に着目し、無農薬の柿の葉茶ビジネスを立ち上げた。

例えば「野の草花を使ったフラワーアレンジメント」。未活用素材の有効活用×得意分野でビジネスを実践する部長のもと、ワークショップ開催手順、会費の設定の仕方、材料の取得方法などのノウハウを学んだ。部員は、未活用素材の工夫の仕方などのアイディアを持参し、実践した。

9ヶ月の〝部活〟の結果、メンバー11人中、8人がプチ起業に至った。メンバーの多くは子育て中のお母さんだった。家事や子育ての空いた時間に自分がやりたいこともしたい、それを誰かの役に立てたい……というお母さんばかりだった。主たる目的は〝収入〟ではなかった。そういう人たちが始めやすい仕事のカタチが〝ナリワイ〟だった……と井東さんは述懐する。

〝ナリワイづくり工房@鶴岡〟のホームページには、活動内容が詳細にレポートされている。ぜひご覧いただきたい。ヒントに満ちている。勇気も生まれる。

#23 女性のための月3万円ビジネス

〝ちょいなか〟というのは、超田舎ではなくて「ちょっと田舎」という意味。矢口真紀さんの造語だ。矢口さんは仲間の女性2人と「ちょいなかワークス」という女子ユニットを組んだ。埼玉県杉戸町という〝ちょいなか〟で活動している。

杉戸町は東京のベッドタウンだ。だから専業主婦という立場の女性が多い。そして、専業主婦であることに満足できない女性が少なからず存在する。そのことに矢口さんは気づいた。

子育てが一段落すると、自分の存在感が希薄になってくる。もっと社会的な存在でありたい……と願うのだが、存在価値を発揮できる仕事は、おいそれとは見つからない。

「月3万円ビジネスがあるじゃないか！」と矢口さんは考えた。月3万円ビジネスなら、自分がやりたいことや得意なことを仕事にできる。気軽に愉しく社会にアクションできる。よしっ、杉戸町の女性に月3万円ビジネスを流行らせてみよう！――ちょいなかワークスを立ち上げた理由だ。

さっそく「女性のための月3万円ビジネス連続講座」を開講した。5回連続講座で、参加費は1万円。安いのは埼玉県からの補助金をゲットしたからだ。国も地方自治体も「女性の自立」を盛んに謳っている。補助金を得やすい時期でもある。

連続講座の第1回は「自分大発見ワークショップ」。自分の長所や得意を知り、未来にありたい自分を描く。第2回は「月3万円ビジネスをつくろう」。自分の「好き」と「得意」を活かした月3万円ビジネスをワイワイガヤガヤと、みんなでつくる。

第3回は「デザインでビジネスの魅力を伝えよう」。商品やサービスの魅力を伝えるデ

ちょいなかワークス（後列右端が矢口さん）

ザインに励む。第4回は「ユーザーに意見を聞こう！　模擬出店会」。販売方法やディスプレーを実践的に学ぶ。実際のユーザーにも来てもらって意見交換をする。

秀逸なのは第5回の「マルシェでビジネス実践！」。受講生の女性たちは、矢口さんらが主催するマルシェに出店しなければならない。二〇一五年二月のマルシェには講座受講生12人がオソルオソル出店した。

例えば『Happyママデビュー♡はじめのいっぽ』――入園を控えたママのための手作り教室だ。キャラ弁や巾着袋……何でもつくれる自慢のママを目指す。例えば『セルフデトックスを学ぼう！』

――自ら学んでケアできる足つぼ講座と、不調を和《やわ》らげるやさしいヨガ。デトックス茶付きだ。

　あるいは『動物占いセミナー』――悩ましい人間関係を愉しくするために動物占いを活用する実践セミナーだ。『Desire～100まで咲かせる女の華』というのもある。シニアー・レディー向けのネイルアート屋さんだ。

　その他の8人も含めて、いずれも女子ならではの仕事や趣味、子育て経験を活かしている。そして自分も周りも嬉しくなるビジネスだ。月3万円だからこそ成り立つビジネスでもある。

　マルシェ当日は数百名が来場し、12人の店に足を運んだ。売上も上々で、12人の達成感はハンパではなかった。前日までの不安は吹っ飛んで、自信が付いた――自立できるという自信だ。

　テーマは平凡でいい。みんなでワイワイガヤガヤ愉しく考えるのがいい。そして何よりも、まずやってみること。〝ちょいなかワークス〟から学ぶことは多い。

得意を活かす

楽器演奏・料理・工作……得意技を持っている人は多い。得意だがプロには及ばない。だから稼げないと誰もが考えて、趣味の範囲に留める。しかし、それは専業で稼ぐ場合のこと。月3万円ビジネスなら話は違う。分野を絞り込めば、プロ以上の作品を生み出せる。月に3万円くらいの売上は、さして困難ではない。好きなことで喜ばれながら稼げる。

#24 遺影ビジネス

趣味の域は超えている……こういうワザを持つ人は多い。このワザで生計を立てようと試みる人も多い。例えばミュージシャン。イベントでの無料演奏は絶賛を浴びる。スターを夢見てプロに転向するが、お呼びはかからない。一家の生計は妻の肩に重くのしかかる。よくある話だ。

月3万円ビジネスなら話は別だ。狭い分野に限定する。限定して鍛錬すれば魅力的な作品ができるようになる。

少数の人が、欲しくてたまらなくなる程度でいい。月3万円だけ稼げばいいのだから。作品を販売してもいいし、ワークショップを開いてもいい。

長野県松本市の赤羽秀弘さんの特技は写真撮影だ。かなりの腕前だが、プロとして生計を立てるのは困難と僕は見立てた。赤羽さん自身の見立ても同じだ。

人物写真が出色……というのが、赤羽さんの写真の特徴だ。被写体の人柄が滲み出るような写真だ。そこで赤羽さんの月3万円ビジネスは「遺影ビジネス」。葬儀で祭壇に飾られる大きな写真だ。小さくして仏壇にも飾られる。

遺影を準備してから死ぬ人は少ない。通夜の前日に遺族が慌てて選んで、葬儀屋が慌て

撮影中の赤羽さん

てプリントする。「貧相な写真で気の毒だね」と、葬儀で故人に語りかけたことが何回もある。

人徳の深さだったり、家族への溢れる愛情だったり、人に尽くして生きてきたことだったり……そういう立派な自分を写し撮って欲しい、そういう自分を偲《しの》んで欲しい、と願う人は確実にいる。試しに10人くらいの他界予備軍に訊いてみたら、全員が「そうだ！」と言った。

予備軍の内に、深みのある写真を撮影して上げる。人柄や来し方をよく知っている人に限定する。だから深みのある写真を撮影できる。葬儀用の四つ切りと仏壇用の葉書サイズを額縁に入れて提供する。

本人が「Yeah!（イエイッ！）」と感動する

ような写真を撮影して上げる。代金は10万円。コストはガソリン代を含めても1万円足らず。差し引き9万円の収入になる。

3ヶ月に1人しか引き受けないことにすると、平均の収入は月3万円。平均の仕事量は月に1日。本人が感動するような写真を提供できるならば、年に4人の注文が取れないはずがない。

月3万円ビジネスと言えども、ビジネスだ。商品の質の高さは必須だ。但し、競争ビジネスとは商品の質の意味が異なる。上《うわ》っ面《つら》の美しさや豪華さではない。機能の高さや流行性でもない。どれだけ心が込もっているか、どれだけ人間的温もりがあるか……そういう質の高さだ。だから月3万円ビジネスでは、売る人と買う人の、心と心の繋がりを、なによりも大切にする。

#25 巣箱づくり

趣味の域を超えたワザの持ち主の話を#24で紹介した。こんどは、趣味の域にも達していないワザをビジネスにする話を紹介しよう。

清野さんの巣箱

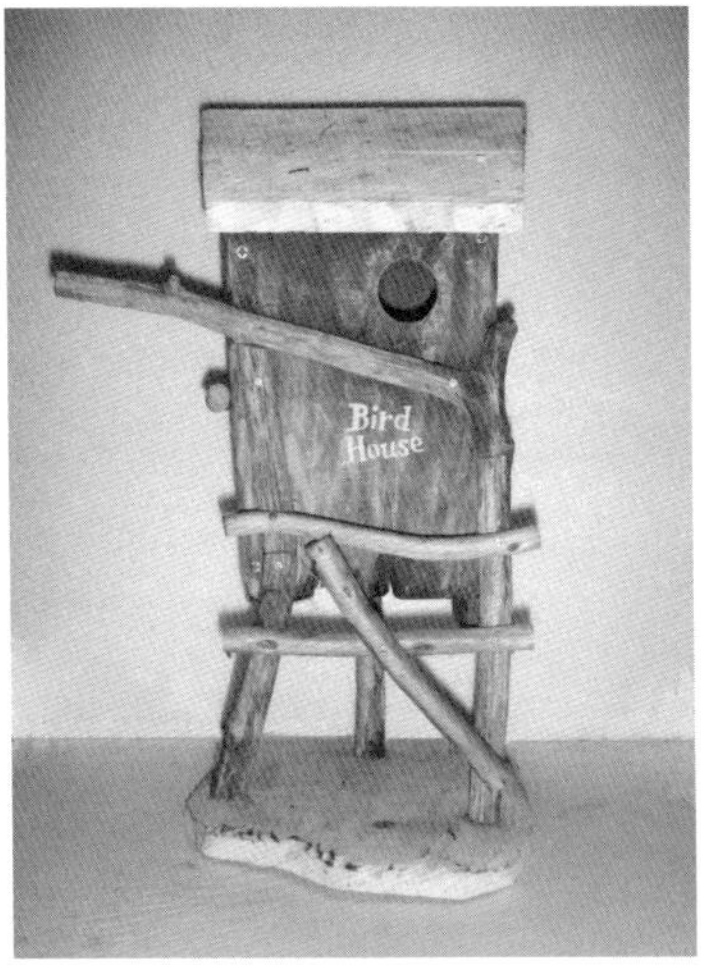

趣味の域にも達していない商品を高く売りつけるインチキビジネスではない。天才的な作品を、素人が安く作れるようにして上げる。自分で作ることが大好きな人は、実は多い。すごいモノを作って自慢したい人はもっと多い。

先ずは、本当に天才的な人が作品を作って、キットにする。3-Bizer（月3万円ビジネスを進める人）は、天才の講習を1回だけ受ける。講習を受けた3-Bizerは、地元でワークショップを開催する。キットは天才から供給してもらう。ワークショップに参加する生徒は、素人なのに天才的な作品が作れる……という仕組みだ。

巣箱作りの天才を紹介する。那須塩原市に住む清野隆さんだ。ギャラリーバーンというアートギャラリーの経営者でもあるが、この人の巣箱は素晴らしい。

買った人は（僕を含めて）家の中で飾っている。屋外に設置して小鳥に住まわせるのが惜しいからだ。これまでに800以上の巣箱を作ったそうだが、ひとつとして同じデザインのものは無い（スゴイ！）。

清野さんは巣箱をキットにしてくれると僕に約束してくれている。3-Bizer向けの講習会も開いてくれるそうだ。簡単な構造だから、キットにしてもらえば、小学生でも作れる。

キットの価格は絵の具や釘などの材料費込みで、1個当たり3000円以内に収まりそうだ。ワークショップの参加費を6000円として、10人限定で月に1回だけ開催する。3-Bizerの収入は月3万円だ。所要時間は準備も含めて1日程度。因みに、清野さんから僕が購入した巣箱の価格は1個約7000円だった。

巣箱が部屋の中に飾られているというのは、とても変な話なのだけど、部屋の雰囲気が和らぐ。なぜだかわからないのだけど、見ていると心が自由になる。少しだけ人に優しくなる。

巣箱は例に過ぎない。天井から吊るすモビールだとか、ガラス瓶のランプだとか、ドライフラワーだとか……いくらでも考えられる。但し、天才的な作品を、素人が安く愉しく作れるようにして上げる仕組みを忘れないでいただきたい。そうしないと長続きしない。

#26 ベジタコ

ベジタコ（ベジタブルたこ焼きの略）の店が池袋で話題になっている。タコの代わりに野菜を入れたのがベジタコだ。ベジタコの元祖（？）は大阪市の山口滋巳さん。僕の弟子のひとりだ。たこ焼き器が無い家は珍しいくらいに大阪人はたこ焼きが好きだ。その大阪でベジタコが流行っていると聞いて不思議に思った。10年ほど前の話だ。

山口さんはプロゴルファーを目指したが挫折した。一念発起して、たこ焼き屋をやることにした。女性の健康志向に注目して、タコの代わりにコンニャクと野菜を入れ、イタリア風の味付けにした。店を構えるお金が無いので、軽自動車のバンで移動店舗にした。これだけだったら、感心するほどのことではない。

山口さんが街角で営業している現場を見て驚いた。ペインティングを施したオーニング（テント風の庇《ひさし》）や軽バンのボディーが南イタリアの雰囲気を醸《かも》しだしている（ステキだ！）。因みに、軽バンは中古車だし、オーニングはボロ布だ。ペインティングは山口さんがやった。

もうひとつ驚いたのが、山口さんの営業方法。いつでも何処《どこ》にでも出向く。よく売れた場所と時間には再び行くが、売れなかった場所と時間には二度と行かない。「ゴルフしか能が無いので、高級なマーケティング理論はわからないから」と山口さんは言うのだが、謙遜《けんそん》に過ぎる。

軽バンの移動店舗だからこそ、売れる場所と時間を無邪気に発掘できる。固定店舗だったら、こうは行かない。お客を呼び込むためのアノテコノテが必要だ。お金ばかりかかる。お金が無くなればゲームセットだ。

山口さんはお金をかけない。つまりノーリスクだ。これに似た月3万円ビジネスはたくさんある。例えば、沓澤《くつざわ》周一さん（埼玉県さいたま市）の月3万円ビジネスは、移動スープ屋さんだ。土曜・日曜だけ、軽自動車のライトバンでスープを販売する。場所はイベント会場やマルシェ会場、ホームセンターなどなど。高貝涼子さん（東京都八王子市）の月3万円ビジネスは、移動サンドイッチ屋さん。平日の12時から13時の間だけ営業する。近くの工場や会社の人に、健康的で美味しい昼食を提供して幸せな気分になってほしいと願っている。

沓澤さんも高貝さんも料理の達人ではない。達人ではなくても、ひとつのことに絞って励めば達人並みにはなる。本当の達人との違いは、ひとつのこと以外は並なこと。だから専業の料理人にはなれない。月3万円ビジネスなら立派に通用する。人を幸せにできる。

#27 ローカル・エバンジェリスト

エバンジェリストという聞きなれない言葉がある。製品や技術・サービスの魅力を伝えるプレゼンテーションのプロのことだ。主にはＩＴ関連の大企業に属したり、大企業から委託されたりして仕事をする。

大企業や都会の企業は、実はプレゼンテーションは得意だ。エバンジェリストが存在しなくても、巧みにやってのける。下手なのは地方だ。地方自治体のプレゼンテーション能力は都会から20年ほど遅れているという印象がある。市長や町長のプレゼンテーションはと言えば、50年前から変わっていない。

地方の企業やＮＰＯもプレゼンテーションが苦手だ。だから、ひっそり活動している。せっかく素晴らしい活動をしているのに、その存在と価値は知られていない。「インターネットで発信しているから……」と口を揃えておっしゃる。例えばフェイスブック。仲間内のやり取りには好都合だが、仲間を広げる力には乏しい。「ホームページがあるから……」とおっしゃるが、無味乾燥な誰も見てくれないホームページは自己満足に過ぎない。最も下手なプレゼンテーションは〝自慢話〟と〝批判話〟。オジサンに多いパターンだ。

次に下手なプレゼンテーションは〝能書き話〟。技術系に多いパターンだ。そうではなくて、聞いた人がワクワクドキドキして、参加せずにはいられない、買わずにはいられない、あるいは友人に薦めずにはいられない……という気持ちにさせる。それが上手なプレゼンテーションだ。

そこで、〝ローカル・エバンジェリスト〟という月3万円ビジネスは、どうだろうか。プレゼンテーションが得意な人向けのビジネスだ。地方自治体や市長・町長、いいことをやっている企業やNPO、ローカルイベント主催者が〝客〟だ。ワクワクドキドキのプレゼンテーションを1回3万円で手伝って上げる。但し所要日数2〜3日以内で可能な、社会性の高い仕事に限る。

プロのエバンジェリストは東京にしか存在しない。そのプロに頼むと300万円くらいは請求される。ローカル・エバンジェリストは3万円。交通費も宿泊費も要らない。ざっと100分の1の費用で済む。ならば効果も100分の1かというと、そうではない。ワクワクドキドキの決め手は、情熱と愛情を持って伝えることだからだ。東京から来たプロに情熱と愛情を期待するのは困難だ。

孤立して競争する時代ではない。手を結び、輪を広げて行く時代だ。ローカル・エバンジェリストの存在価値は大きいと僕は思う。

#28 ローカル・ファシリテーター

ファシリテーターという言葉はご存知だろう。会議やプロジェクトを促進する人のことだ。50年以上も前にアメリカと日本で生まれた言葉だが、よく使われるようになったのは10年ほど前からだ。

垂直社会、つまり上司や年長者が威張っている社会ではファシリテーターは必要無い。威張っている人の言うことに従っていればいいからだ。水平社会、つまり、みんなで創意・工夫し協力してなにかを生み出して行こうとする社会では、ファシリテーターの存在価値は大きい。日本人は「水平社会での合意の形成」に慣れていないからだ。

「退屈で無意味な会議」が多い。オジサンが加わった会議は特にそうだ。大勢の人が参加しているが、発言する人は限られ、発言しない人は傍観者だ。発言も自慢話だったり、他人批判だったり、自己防衛が大半を占める。こういう会議で得られた結論が実行に移されることは少ない。稀に実行に移されても動く人の腰は重い。

ワクワクする会議がいい。オジサンだけがワクワクするのではなく、出席者全員がワクワクする。合意が形成され、結論は実行に移される。みんなが喜んで動く。そういう会議を演出するのが、ファシリテーターの仕事だ。

ファシリテーターは地方には存在しない。都会からファシリテーターを呼ぶと高額を請求される。交通費や宿泊費も馬鹿にならない。だから、ファシリテーターを呼ぶことは無い。相変わらず退屈で無意味な会議を繰り返すことになる。

そこで、ローカル・ファシリテーターという月3万円ビジネスはどうだろうか。1回の会議当たり3万円でファシリテーターを引き受ける。地元だから交通費も宿泊費も請求しない。準備が必要だから、1回当たり2日程度を要する。主催者側にとって、「無意味で退屈な会議」が「ワクワクする会議」になる価値は、3万円ポッチではない。

ファシリテーターのようなことが得意な人に向いた仕事だ。どういう人かと言うと、状況への感受性が豊かで、援助的になれる人。思い込みや決め付けが強かったり、支配したがるオジサンとは反対の人だ。出席者の意見や知識や経験を、会議の場で上手に引き出し、活発なディスカッションを演出し、みんなが納得ゆく合意に導いて行く。そういうことが得意な人がファシリテーターに向いている。

ファシリテーターの達人と同じことが直ぐにできるはずはない。先ずはファシリテーターの基本テクニックを学ぶ。テキストは簡単に入手できる。2~3日もあれば勉強できる。あとは仕事を引き受けながら、経験を積んで行けばいい。ファシリテーター養成講座のようなものもあるが、必須ではない。

初めから3万円を請求する自信が無い人は、初めの3回だけは無料で引き受けてもいい。3回も経験を積めば、3万円の請求を堂々とできるようになる。

ローカル・ファシリテーターが活躍する場はタクサンある。市民活動や企業や地方自治体の会議の場、まちづくりの場、芸術創造の場、イベント企画の場、福祉介護の場、教育の場……これからは、もっと多くの活躍の場が期待される。垂直社会から水平社会に移行するプロセスが始まったばかりなのだから。

アップサイクル

高度経済成長が50年も続いた。長すぎたからツケが溜まりすぎた。環境へのツケ、安全へのツケ、地方へのツケ、子供へのツケ、年寄りへのツケ、心へのツケ……とにかくツケだらけだ。だからツケ払いの時代がすでに始まっている。しかし貧しい昔へ逆戻りしたくはない。だから喘いでいる。国も喘いでいるし、地方も喘いでいるし、若者だって喘《あえ》いでいる。

しからば、リサイクルではなくてアップサイクルというのは、どうだろうか。貧しい昔への逆戻りではなく、新しい豊かさを愉しみながら、ツケを払う。この視点で考えると月3万円ビジネスのテーマはたくさん生まれる。

#29 アップサイクル・アート

リサイクルという言葉は誰もが知っている。誰もが知っている言葉には、誰も新鮮さを感じない。事実、リサイクルは義務として定着したが、愉しんでいる人は少ない。

アップサイクルという言葉はどうだろうか。英国やスイスで生まれたこの言葉は新鮮だ。廃品を利用するという意味のリサイクルと違って、アップサイクルは廃品を利用して新しい価値をクリエイトする。

アップサイクルのひとつはアップサイクル・アート。例えば写真のバッグ。僕の10年来の愛用品だ。スイスFreitag社製で、トラックの幌《ほろ》の廃品と車のシートベルトの廃品で作られている。廃品で作られた新品を手に入れたのだが、初めから古びた味が良かった。10年使ったら、もっと味がでてきた。

「廃品利用だから、商品性は低くてもいいだろう！」では、ただのリサイクルになってしまう。アップサイクルとリサイクルの違いをよく理解していただきたい。先ずは商品としてステキで、それがナント廃品利用だったというビックリが加わる。自称エコ派としては、購入して自慢せずにはいられない。

米国のアマンダさんがプラスチックボトルから作った蜂はとても可愛い。アップサイク

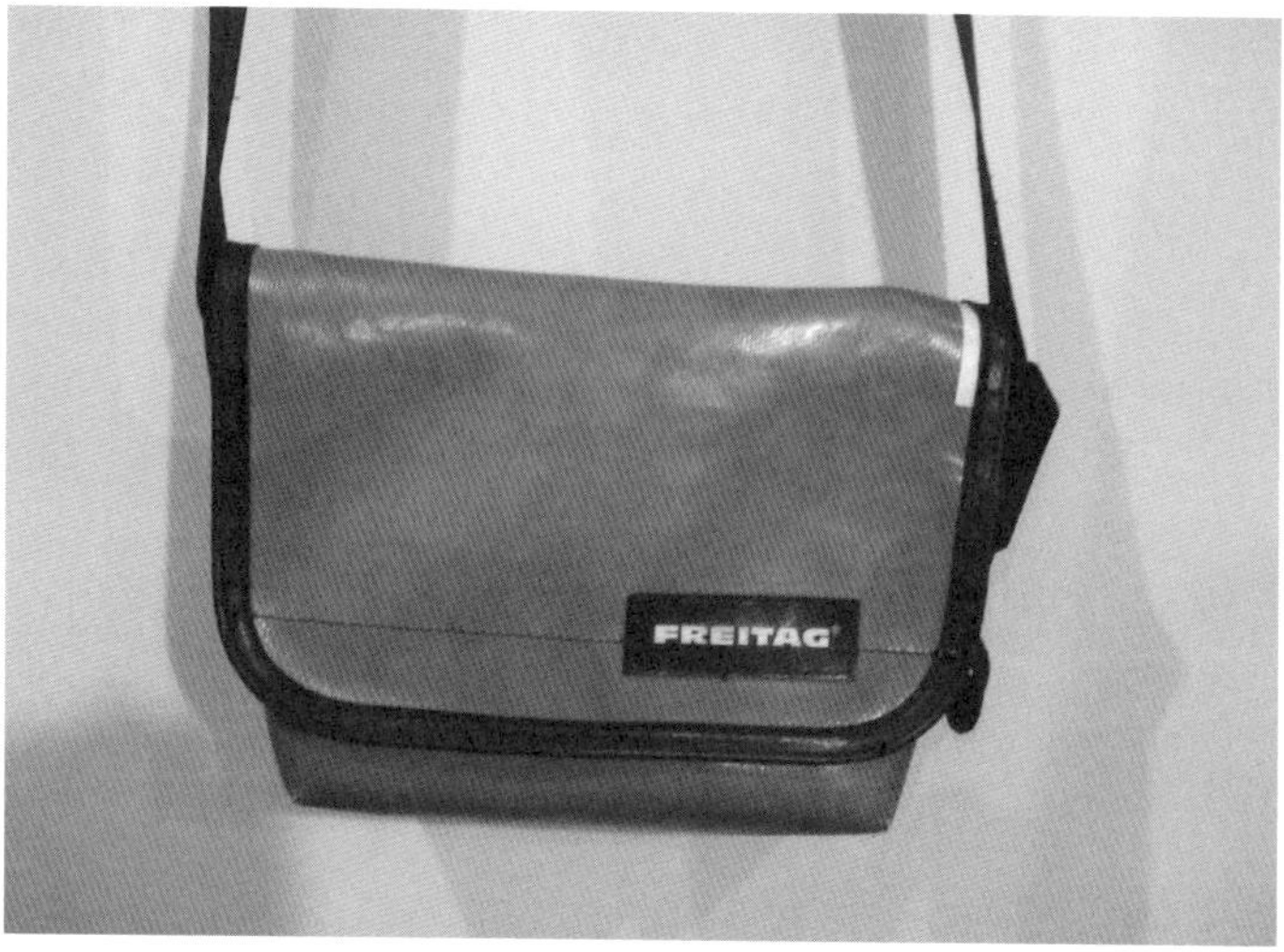

Freitag のアップサイクル・バッグ

ルではあるが、アートのレベルには遠い。このレベルでは、月3万円ビジネスといえどもキツイ。

ドイツのプラネット・アップサイクリングという店に並ぶ商品は、アップサイクル・アートのレベルと言ってよさそうだ。自転車の古タイヤを切り刻んで作ったブレスレットはスゴイ！

Upcycled というキーワードでネット検索していただきたい。実例が山ほど出てくる。オンラインショップ〝Etsy〟には、Upcycled とうタグが付いた商品が3万件ほど出品されている。因みに〝Etsy〟では、世界中のクリエイターやアーティストが作ったハンドメイド作品やヴィンテージ品が購入できる。これらをヒントにして、「新しい豊かさ」を実感できる月3万円ビジネスを、たくさん考えてみていただきたい。

ビジネスとしては、ワークショップのスタイルでもいいし、カフェやレストランの片隅に展示して委託販売というスタイルでもいい。「ステキ&ビックリ」のレベルに達していれば、月に3万円稼ぐことは難しくない。「ダサイ&平凡」のレベルでは、月に3000円稼ぐことも難しい。

すでに始まったツケ払いの時代を愉しく生き抜くには、シナヤカなセンスがきっと必要なのだと僕は思う。

#30 アップサイクル・ハウス

50年も続いた高度経済成長はツケを溜めただけではない。遊休資源も溜めた。国中が遊休資源で溢れている。溢れている遊休資源のひとつは家だ。そこで、家をリサイクルではなくてアップサイクルする。リフォームではない。リフォームは形を変えるだけだが、アップサイクルは価値をクリエイトする。

ストローベイルハウスのB&B

例えば築40年の別荘。新築時2000万円くらいだったのが、今は200万円くらいで買える。但しオンボロだ。オンボロだが基礎や柱はしっかりしている。こういう物件は山ほど有る。そういう物件を僕も買った。二〇一三年のことだ。栃木県那須町の別荘地の一画。190坪の土地に30坪のボロ屋が建っている。価格は200万円だった。

時間と体力がある仲間が5人集まる。1人50万円持ち寄る。50万円ならなんとかなる。親が達者なら、「最後のお願いだ！」と言えばいい。〝最後のお願い〟は2年に1回くらいは通用する。200万円で家を取得し、残りの50万円で家をアートに生まれ変わらせる。もちろん自分たち5人でやる。基礎や柱や梁《はり》や屋根はいじらないから、素人でもできる。法律にも触れない。時間さえかければ、必ずできる。

写真の家を見ていただきたい。非電化工房の住み込みの素人弟子4人が1ヶ月半で作ったストローベイルハウス（藁と土の家）のB&Bだ。ステキだから宿泊希望者はいくらでもいる。1棟1泊2万円で4人まで泊まれる。基礎から屋根まで、何から何までで、建築費はたったの20万円だ。

アートの極みに変わった別荘を、また別荘として売ったり貸したりでは、ただのリフォームだ。ビジネスにはならない。しからば、「ステキ・ステキのライブラリーB&B」というのはどうだろう。部屋に置く本の分野は思い切り狭く絞る。例えば先住民族文化だけとか、スピリチュアル系だけとか……。椅子も電灯も薪《まき》ストーブも……何から何まで、読書にウッテツケのものにこだわる。ここまでくればアップサイクルと言って差し支えない。

1人1泊1万円で、金土日曜しか営業しない。年間200人くらいの客数になる。これくらいなら集客は難しくない。これを5人で共同経営する。1人の仕事時間は月平均2日程度。1人当たりの月平均収入は約3万円だ。

これはひとつの例に過ぎない。「遊休資源をアップサイクルする」という方法論で、月3万円ビジネスをたくさん考えていただきたい。

#31 アップサイクル・ガーデン

「ビル屋上にアートな野菜」というビジネスはどうだろうか。一時期はやった屋上緑化や屋上庭園ではない。これはオジサンの古い発想だ。オフィスビルの役立たずの屋上で野菜を育てる。誰が育てるかと言うと、このビルで働くＯＬたちだ。オジサンは混ぜない。オジサンは合理化したがる、支配したがる。ＯＬは逃げたがる。

合理性なんかクソクラエ！　ひたすらアートにする。写真を見ていただきたい。韓国ソウルのオフィスビル屋上でＯＬたちが野菜を育てている。例えば古板の衝立《ついたて》にコーヒーの麻袋を吊るす。土を詰めて野菜を植える。麻袋にはワンポイントのペインティングを施す。あるいは、拾ってきたパイプを胸の高さで水平に支える。アッチコッチに孔《あな》をあけ、土を詰める。ペイントされたパイプに野菜が咲いている。アートだ。

ＯＬたちは勤務時間中に水やりをする。これくらいのサボリは正義の内だ。摘みたて有機野菜でサラダを作ってランチにしている。もちろんアートな屋上で。隣のビルのＯＬたちが仲間入りしたりする。仲が良い。愉しそうだ。なぜかＯＬたちは美しい。

ビルオーナーのオジサンは障害にはならない。女性が精魂込めて甘えれば、オジサンは

ソウルのビル屋上で野菜づくり

必ず許可してくれる。
　初めは、どこかのビルでワークショップを開く。そして徐々に輪を広げる。サポート料を一グループ当たり月に5000円頂く。ケチなOLでも、これくらいは出す。6つのグループをサポートすれば月に3万円。要する時間は合計して月に20時間程度だ。
　都会の人は、このごろ農業に憧れている。アートなことが好きだ。野菜不足と農薬過剰を恐れている。何よりも温もりのある人間関係に飢えている。
　だから、役立たずのビル屋上をアップサイクルすると価値がクリエイトされる。但し、アッと驚くほどアートにすることを忘れないでいただきたい。

#32 アップサイクル・太陽熱温水器

あと10年は使える太陽熱温水器を捨てる家が多い。お金は払ってあるのだから、使うだけ得なのに、撤去費用数万円を払って捨てる。理由は、カッコ悪いから。太陽電池ならカッコイイのだそうだ。だから、太陽電池で発電し、電気温水器でお湯を沸かして風呂に入る。数年前からの流行だ。なんだかお金を払わされてばかりいる。誰かの罠に嵌《はま》っているに違いない。

日本人は世界一風呂が好きだ。だから太陽熱温水器の普及率も世界一……というのは昔の話。その座を中国に譲って久しい。一九八九年に12.8%だった世帯普及率は、二〇〇九年には6.5%と、減る一方だ。

都会の人がよく捨てる。都会では、太陽熱温水器を屋根の上に乗せる。庭が狭いからだ。「捨てるならタダで撤去して上げるから言ってね」と知らせておく。屋根に乗せるのは大変だが、降ろすのは簡単だ。

このようにしてタダで入手した太陽熱温水器を、田舎で販売する。但し、敷地内に陽当りの良い場所がある家に限る。田舎ではこういう家は多い。屋根の上に乗せないで、地面

太陽熱温水器付きの風呂小屋（非電化工房）

に置く。施工は簡単だ。20時間ほどの訓練で、素人でもできるようになる。
　実は、カッコ悪いのは屋根に乗せるからであって、地上で傾けて設置し、支えをシェッド（物入れ）にするとカッコイイ。横に滑り台をつけると、さらにカッコイイ。このカッコイイ太陽熱温水器を工事費込みで20万円で販売する。1人でもできるが、2人で組んだほうが愉しい。材料費は8万円程度だ。差し引き12万円の収入になる。年に6台売れば、1人当たりの収入は月3万円、所要日数は月に1日半程度だ。
　太陽熱温水器による燃料費節約は、LPガスで風呂を沸かしている家なら年に5万円、灯油なら2万5000円程度だ。だからLPガスの家がいい。10年で50万円の節約になる。カッコイイ設備を20万円で提供する。年に6台くらいは売れないはずがない。

収入は減る一方、光熱費は上がる一方、税金も年金も医療費も上がる一方……すると、毎日はお風呂に入れない人が増える一方……そういうことが、すぐそこで待ち構えているような気がしてならない。世界一お風呂好きな日本人としては辛い。毎日お風呂に入れるようにして上げる月3万円ビジネスは、悪くなさそうだ。

#33 アップサイクル・プランター

韓国に行ってきた。ソウルで開催された都市農業博覧会での講演を頼まれたからだ。博覧会場を回ってみたら、アップサイクルのオンパレードだった。アップサイクルという言葉は、日本ではあまり知られていないが、韓国ではよく知られている。廃品を利用するという意味ではリサイクルと同じだが、アップサイクルは新しい価値をクリエイトする。

写真を見ていただきたい。博覧会に展示されていたプランターだ。発泡スチロールの箱が木枠で囲われている。発泡スチロールの箱は魚市場で大量に廃棄されていたものだ。木枠の材料も魚市場で廃棄されていた木箱をバラしたものだ。板を切り出して釘で留める。最後にバーナーで炙《あぶ》れば、アートな木枠の出来上がりだ。実は、元の木箱は魚の血が染み込んで汚い上に不衛生だ。バーナーで炙ればオシャレな上に衛生的になる。

このアップサイクル・プランターは立派なビジネスになっている。NPOが運営しているが、板を切り出したり、バーナーで炙る作業は障害者が受け持っている。出来上がったアップサイクル・プランターには、寄付をしてくれた企業や市民の名前が付けられる。市民は競って購入してくれる。安くて美しいからだ。材料費はタダだから、十分に利益が生まれる。だから障害者に十分に還元される。

都市農業博覧会はソウル市のパク・ウォンスン市長の主導で開催された。パク市長は市民活動家出身だ。市民のための政治を本当に実践している。僕も大変に尊敬している。パク市長の政策のひとつは「社会的経済」。経済や仕事が反社会的になりがちな傾向に対するアンチテーゼだ。だから月3万円ビジネスはパク市長のお気に入りのひとつだ。アドバイスを求められる。

「一家庭一坪菜園運動」も政策のひとつだ。自然の恵みで生きる感性は何よりも大切な人間性だとパク市長は言う。まったく同感だ。ところが都会ではこの感性が壊される。国の人口が集中するソウルの市民に、自然の恵みで生きる感性を取り戻す助けをして上げた

アップサイクル・プランター（ソウル市）

い。一番有効なのは野菜の栽培だ……とパク市長は考えた。ベランダや屋上や空き地なども使えば、ソウル市でも一家庭一坪は可能な理屈だ。都市農業博覧会は、そのための知恵の展示会だった。

都市農業のムーブメントとアップサイクル・プランターは連動している。だからこそ上手く行っている。日本でも野菜づくりに憧れる市民は増え始めた。プランターの販売だけをやるのではなく、家庭菜園のムーブメントと連動しながら、プランターをワークショップで作ったり、売ったりする。月3万円ビジネスとして立派に成立する。プランター以外の都市農業型アップサイクルはたくさん考えられる。

#34 アップサイクル・ハンモック

ハンモック・カフェが流行っている。札幌・静岡・吉祥寺・渋谷・大阪など、アッチコッチにある。客席はすべてハンモックという店もあれば、ハンモックは二つだけという店もある。行ってみたら普通の網式のハンモックだった。身体が曲がって沈み込むし、心地よくは揺れない。それでも流行っている。

写真のハンモックを見ていただきたい。非電化工房のデッキに置いてある。このハンモックは出来がいい。身体が沈まない。絶妙に揺れる。これに横たわると時間が止まる。これに横たわった人は離れたがらない。

現代の日本は、いつも時間に追い立てられる気持ちにさせられる国だ。そうではなくて、ゆったりした気持ちで生きたい。潜在的にそう感じている日本人は多いはずだ。だから、時間が止まらないハンモック・カフェでも流行るのだが、時間が止まるハンモックの方がいい。

アップサイクル・ハンモック

時間が止まるハンモックを作ることは難しくない。再び写真のハンモックを見ていただきたい。2本の棒の間に布が張られている。この棒がポイントだ。お陰で身体が折り曲げられない。もうひとつのポイントは固定部から固定部までの長さ。この長さで揺れの周期（一往復する時間）が決定される。写真のハンモックは、長さが3.8ｍ、周期は1.85秒だ。これより短いと落ち着かないし、長いと気持ち悪くなる。

このハンモックをアップサイクルでつくるというのは、どうだろうか。例えば、シート部は廃車のシートベルトを使う。車の解体屋さんに言えばタダで分けてくれる。古布のパッチワークでもいい。この方がアート度は上がる。但し、強度が必要なので、厚手の布を芯に入れる。サポート部（写真の円弧状の部分）は建築廃材を使う。上出来なら6万円で販売する。2ヶ月に1台売れれば、月3万円になる。

スイングが心地よいものだということは、実は誰でも知っている。幼児がむずかれば、母親は抱いてスイングして上げる。幼児を寝かせつける時は揺りかごに寝かせてスイング。スイングの効用を熱心に研究しているのはスウェーデンだと思うが、適切なスイングは幼児の頭脳の発達に効果が大きいそうだ。知的障害者の治療にもスイングを導入している。

母親が幼児をスイングしている時の周期を測ってみたら、約2秒だった。つまり、写真のハンモックは僕たちの幼児体験を再現している。時間が止まるのも納得できる。

文化を発信する

高度経済成長時代には、文化も経済成長に組み込まれる。あらゆる分野で流行が作られ、充足感を覚えながら買わされる。しかし、長かった高度経済成長は終わった。堰《せき》を切ったように多様な文化が発信され始めた。

一部の文化人や経済人のみが発信するのではない。フツウの若者も発信する。発信された文化はスンナリと吸収される。飢えていた証拠だ。飢えはマダマダ満たされていない。だから、文化を発信することが月3万円ビジネスになる。テーマはタクサンある。

#35 マザーアースニューズ

マザーアースニューズという米国の雑誌がある。僕も20年来の愛読者だ。2ヶ月に1度届くのが待ち遠しいくらいに面白い。パンをつくったり、家をつくったり、エネルギーをつくったり……ナンデモカンデモ自分でつくる。ユニークな、あるいはスグレモノの実例が満載で興奮する。

世界中で二百数十万人の人が愛読しているマザーアースニューズだが、日本ではほとんど読まれていない。英語だからだ。そこで沓名《くつな》輝政さんは、この雑誌の日本語版を発行することを思いついた。沓名さんは、僕が主宰する「地方で仕事を創る塾」の第1期生だ。この塾では、「ビジネスはノーリスクで」ということを叩き込まれる。出版というリスキーなビジネスをいかにしてノーリスクで立ち上げるか……沓名さんは考えた。

沓名さんの「マザーアースニューズ日本版」の会員（年会費4000円）になると、2ヶ月に1回、英語版のマザーアースニューズが送られてくる。アマゾンに注文すると年間8000円かかるから、半額で手に入る。同時にインターネットのEメールで日本語訳全文が送信される。手元の英語版雑誌とパソコン画面上の翻訳文を対比して読んでもらう。翻訳文をプリントアウトして読んでもらってもいい。

マザーアースニューズ

普通だったら日本語版を印刷・製本する。割高にならないように大量に刷る。すると大量に売らないといけないので、宣伝や営業にお金をかける。まさにリスキーだ。沓名さんは印刷・製本しないからノーリスクだ。

　インターネット上で翻訳者を募集する。翻訳料は利益から文字数に比例して支払う。利益が出なければタダ働きだ。「そんなバカバカしい話に応募する人がいるわけが無い」と思うかもしれないが、応募者は殺到した。つまり、翻訳に関してもノーリスクを実現した。

　沓名さんはマザーアースニューズ日本の仕事に週2日ほどを費やしている。月3万円より収入は多いが、「3万円稼ぐのに2日」という月3万円ビジネスの基本ルールには適っている。残りの5日は市民農園で働いたり、外資系企業の嘱託の仕事を愉しんでいる。まさに愉しい複業だ。

とてもハッピーだと沓名さんは言う。英語が得意で自給自足が大好きな沓名さんにとってマザーアースニューズの仕事は愉しくてたまらない。近いうちにオリジナル記事を加えたいと計画している。日本国内でユニークな、あるいはオシャレな自給自足を愉しむ人を紹介する記事だ。取材記者はネット上で募集する。報酬は利益に正比例だ。

マザーアースニューズは実は月3万円ビジネスの宝庫だ。この雑誌を読んでいて僕が思いついた月3万円ビジネスは50以上になる。

#36 非電化カフェ

非電化カフェをつくった。非電化工房（栃木県那須町）の入り口にある。二〇一五年の五月にオープンした。

デザインはジンバブエの人の家を真似た。アフリカ大陸の南の端が南アフリカ共和国。その北隣がジンバブエだ。世界一貧しい国として知られている。

ジンバブエの人の家を見て「ステキだ！」と思った。8年前の話だ。不思議な気もした。自分たちよりも金持ちの国の金持ちの家をステキと思い、ああいう家に住みたいと願って高度経済成長に付き合って励んできた記憶があるからだ。だのになぜ、世界一貧しい国の家を見てステキと思ったのだろう。

ジンバブエ人の家の写真を多くの日本人に見てもらった。「どう思う？」と訊くと、「なにこれ！」と半分くらいの人は呆れるのだが、半分くらいの人は「ステキ！」と喜んだ。

半分くらいの人はなぜ世界一貧しい国の家をステキと感じたのだろうか？　僕の勝手な解釈はこうだ。お金をかけた、人工的でゴテゴテした家はステキではない……と半分くらいの人は感じているのではなかろうか。こういう人は、自然でシンプルな家にこそ人間性を感じているのかもしれない。

ジンバブエの人は貧しいので高級な材料を買えない。大工さんにも頼めない。だからタダで手に入る自然の材料を使って自分たちで家を建てる。技が無いのでシンプルな構造しかできない。結果として、自然でシンプルな家になった。僕の解釈だ。

だとすれば面白い。世界一貧しいジンバブエの家をそっくり真似して、タダの自然の材料で、シンプルな家を自分たちで建てる。テーブルも椅子もコーヒーを淹《い》れる道具も……ナンダッテカンダッテ自分たちでつくる。はたしてお客は来るのだろうか？

非電化カフェ

壁はストローベイルハウス、つまり藁と土の家だ。藁のブロックを芯にして、その両側を土で囲う。一番外側には漆喰を塗る。木の構造部を含めると壁の厚さは60㎝くらいになる。藁は稲作の副産物。土は自分の敷地内の土だ。屋根は杉皮を葺いた。室内の雰囲気もアフリカンテイストに徹してみた。

非電化カフェだから電気は使わない。例えばコーヒーは手製のコーヒーサイホンで淹れる。燃料はメチルアルコールではなくて、自家製のバイオエタノールだ。電動コーヒーメーカーで淹れても味は同じと思うが、ただのコダワリだ。その他、非電化イロイロ。ぜひ見に来ていただきたい。

#37 ローカル・ライター

雑誌のインタビュー記事は、記者とカメラマンが出張して取材するのが普通だった。2人分の出張費を賄《まかな》うくらいには雑誌が売れていたからだ。だが、雑誌は年ごとに売れなくなってきた。二〇〇〇年には年に9000億円ほど売れていたのに、二〇一三年には600億円以下に減ってしまった。この間、雑誌の種類は3500種くらいで推移しているので、1誌当たりの売上は3分の2に減ったことになる。つまり余裕が無くなってきた。発売開始して1年以内に廃刊となる雑誌がこの頃多い。一九一七年発刊の「主婦の友」ですら休刊に追い込まれた。

だから記者とカメラマンを派遣する余裕の無い雑誌社は、フリーの記者やカメラマンに委託するケースが多い。僕のところに取材に来る記者・カメラマンの半分以上はフリーだ。2人組で来ることが多い。つまり、雑誌社は2人分の手当を払っている。手当には交通費も含まれる。

そこで、ローカル・ライターという月3万円ビジネスが成り立つ。福岡市在住の吉村真理子さんも、そのひとりだ。彼女の文章力はレベル4、写真力はレベル3というのが僕の見立てだ。両方ともレベル3を超えているので、記者とカメラマンを兼ねることができる。雑誌社には1人半分の手当を請求する。雑誌社にとっては半人分少なくて済む上に、交通費は要らないので大助かりだ。

因みに、文章力レベル2は、漢字や文法や情報が正しく、簡潔明瞭な文章が書けること。レベル3は、文章の流れがよく、読みやすく、面白い文章が書けること。レベル4は、取材対象の人柄や生活が滲みでてくるような印象深い文章が書けること。レベル5はインタビュアー自身の哲学が滲みでてくるような深味のある文章が書けること。

写真のレベル3は、いいアングルで写りの良い写真が撮れること。レベル4は被写体の人柄や生活がイメージできる印象深い写真が撮れること、レベル5は深みのある写真が撮れること。文章・写真共に、レベル4までは努力でなんとかなる。レベル5は経験と人格の形成を待たねばならない。文章力と写真力が共にレベル3以上なら、原稿は採用される。僕の勝手なレベル分けだ。

先ずは、様々な雑誌をリサーチする。自分の好みや地域に合った雑誌をピックアップする。ピックアップした雑誌のテイストを調べる。これだけのリサーチを初めに済ませておく。次に雑誌社が喜びそうなニュースを探してインタビューを試みる。この段階では、雑誌社に採用になるかどうかは不明なので、取材先に正直に話して了解を求める。

ローカル・ライターを目指した弟子が何人かいる。文章と写真のレベルが3以上に到達したのは2人だけだったが、2人共にローカルライターとして独り立ちしている。因みにレベル判定は僕に委ねられた。

困っている人を愉しく支援する

困っている年寄り、困っている子ども、困っている若者……困っている人だらけだ。困っている人は年ごとに増えてゆく。困ったことだ。だから、困っている人を助ける仕事は山ほど有る。問題は、困っている人を助ける仕事に励むと家計が逼迫《ひっぱく》して、家族が困ること。

そこで、困っている人をホドホド助けると家計がホドホド潤《うるお》うという月3万円ビジネスはどうだろうか。

#38 商店の人のための育児サービス

韓国ソウル市のキムさんは20代中頃の独身女性だ。キムさんには感心させられる。月3万円ビジネスを次々に思い付いては、軽やかに実行して行く。困っている人を助けるテーマばかりだ。

例えば「買い物代行サービス」。前著『月3万円ビジネス』（晶文社）で紹介した。日本人の20人に1人と言われる買い物難民を助けるビジネスだ。車で買物代行をするビジネスモデルを僕は紹介したのだが、キムさんたちは自転車を使う。自転車大好きなカッコイイ青年（キムさんの仲間たち）が、オシャレな自転車に乗って、誇らしげに仕事をする。まさにカッコイイ。因みに、自転車は廃品自転車を自分たちでオシャレに改造した。

サービスをされるお年寄りだって、カッコイイ青年に助けられる方が嬉しいにちがいない。キムさんのビジネスモデルは、僕の提案よりも格段にレベルが高い。

キムさんの近所の商店街では、若い母親が店番をしている。飲食店や理美容院などではキリキリ舞いをしながら働いている。幼い子供がまとわりつくとヒステリーを起こしたりしている。とても気の毒だとキムさんは感じた。

そこでキムさんが考えた月3万円ビジネスは「商店の人のための育児サービス」だ。キムさんや仲間が交代で子供の面倒を見て上げる。ひとりで5～6軒の子供を預かる。場所は商店の一部だったり、天気がよければ公園だったり……とにかくお金がかからない所を選ぶ。

子供の託児施設は日本にもタクサンあるし、韓国にだってタクサンある。それと何処が違うのかと言うと、先ずは施設にお金をかけない。次に、ひとつの商店街だけしか対象にしない。組織ではないので管理者や事務スタッフもいない。つまり、お金がかからないから、サービス料金は驚くほど安い。でも、キムさんたちにとっては、月3万円ビジネスの条件をしっかりと満たしている。

量が多ければ、規模が大きければ、なんでも安く提供できる……と思いがちだが、そうとは限らない。それは製造業や販売業の話だ。サービス業の場合は、規模を適切に縮めると、余計な経費を省いたり、余り物を使ったり、余った時間を使ったりできる。だから、時には驚くほど安くできる。もっと大事なことは、規模を適切に小さくすれば、心が込もったサービスを提供できるということだ。キムさんの月3万円ビジネスが、そのことを証明している。

#39 商店の人のためのランチ・サービス

キムさんは、商店の人のために、他の月3万円ビジネスも行っている。商店には昼休みが無い。個人商店がほとんどだから、交代で昼食をとることもできない。だから、店番をしながら、陰でインスタントラーメンをかき込む。これが普通だ。気の毒だなと、キムさんは思った。

そこでキムさんたちが始めたのは、温かくて美味しいランチを届けて上げるサービスだ。毎日はやらない。キムさんたちに都合良い日だけやる。メニューは無い。今日はカレー……というように、一品しか作らない。午前中に「今日はカレーだけど、どうする？」と注文取りに回る。予め定めた数に達したら注文取りをやめる。

「ちょっと待て、そんな身勝手な商売があるか！」とブーイングが起きそうだが、商店の人には好評だ。なぜ好評かと言うと、温かくて、美味しくて、安いからだ。なぜ美味しいかと言うと、一品に絞って心を込めて調理をするからだ。なぜ安いかと言うと、余計な施設や余計な管理者がいないからだ。余計な営業もしないし、余り物を上手に使うからでもある。

余り物は、買物と違って量をコントロールできない。だから、注文に応じて数量を変えることはできない。キムさんたちは、10人分しかできなければ10人分しか注文を取らない。いつだって少なめにしか作らないから、売れ残ることは無い。複業の強みだ。

「注文したくても注文を取りに来なかったらどうする」と思うかもしれない。その時は、前のようにインスタントラーメンで済ます。つまり、以前の状態を基準軸に留め、注文を取りに来てもらったらラッキー……という無責任な関係を維持する。無責任だが、キムさんたちと商店の人たちの人間関係は温かい。無責任が常に悪いとは限らない。

余り物を活かす

余り物が多い。冷蔵庫の中は余り物で塞がっている。冷蔵庫を大きくすると、余り物が更に多くなる。クローゼットの中も、タンスの中も、町の中も、国の中も余り物だらけだ。余り物を活かしてビジネスにしようとすると、数が足りなかったり、品質が揃わなかったり面倒だ。競争には勝てない。

月3万円ビジネスなら話は別だ。余り物の膨大さに比べて、ビジネスは小さい。いつでも必要なだけ手に入る。多くの場合にタダだ。こういう目で見直してみると、家の中も、世の中もビジネスの宝庫だ。

#40 売れ残りの果物でジャムをつくる

またまた韓国ソウルのキムさんの月3万円ビジネス。商店の人たちと付き合っている内に、余り物があまりに多いことに気が付いた。余った野菜、余った果物、余った惣菜……余り物のほとんどはゴミとして捨てられている。活かして別な商品に……というような余裕は商店の人には無い。

そこでキムさんは考えた。余り物を活かした月3万円ビジネスをやろうと。先ず最初に始めたのがジャムづくり。いちごジャム、りんごジャム、かぼちゃジャムなどなど。「どうせ捨てるのだからタダでいいよ」と店の人は言うのだが、通常の仕入れ値の何分の一かを支払うことにした。商店の人を助けることになるからだ。

キムさんのジャムには、合成着色料は入れない。例えばいちごジャム。合成着色料を入れないと、黒っぽくて、まずそうなのが普通だが、キムさんのいちごジャムは美味しそうな色だ。ある薬草を少しだけ混ぜると、味が良い上に色がきれいになる。薬草も余り物だ。薬草の名前は日本語に直せなかったので紹介できない。

合成保存料も入れないから、瓶の蓋を開けるとすぐにカビが生える。だからキムさんのジャムは小瓶に詰める。フランス人と同じ考え方だ。蓋を開けたら食べきる。「瓶代がもったいない」と思うかもしれないが、瓶は回収してまた使う。空き瓶が溜まると連絡してくれるので回収に出かける。瓶を返せばお金が戻るから、必ず連絡が来る。「回収の手間がバカバカしい」と思うかもしれないが、新しいジャムを買ってくれるのでバカバカしくない。

余り物は不定期で不定量だ。だから定期的に定量をつくることはできない。専業では成り立たない理屈だ。でも月3万円ビジネスの複業なら成り立つ。余り物が出た時に、出た量だけつくって売る。「そんな身勝手な商売が成り立つわけが無い」と思うかもしれないが、美味しくて安くて安全で心が込もっていて少量なら成り立つ。月3万円ビジネスの面白さだ。

#41 遊休地を仲介する

「あしがら農の会」というNPOがある。神奈川県の南足柄市と小田原市で活動している。リーダーは笹村出《いずる》さん。一九九三年にスタートしているから、市民農園としては老舗《しにせ》だ。よくある市民農園は、畑を有料で切り売りならぬ切り貸しする。あしがら農の会は、足柄地域の遊休農地や遊休農機を活用して、自給自足を愉しんでいる。地域内食料自給と環境の持続性もテーマだ。

笹村さんたちの農地はトータルで10ヘクタール（10万㎡）もある。大勢の地主が遊休地を預けてくれるからだ。「NPO組織にしたから安心して預けてくれる」と笹村さんは解説する。「長年の実績と、笹村さんたちの人柄が物を言っている」と僕は推測する。米、小麦、大豆、野菜、緑茶、鶏卵、豚肉など、つくっているものの範囲も広い。

例えば、米作の場合は、10家族くらいがひとつのグループになって共同で20アールほどの水田で米をつくる。年会費は1万円だ。こういうグループが10ほどある。他にも大豆のグループや緑茶のグループがある。休日に農作業に来る人がほとんどだ。

自分の農地を持って専業で就農している人たちもいる。都会からの移住組もいるし、地元の脱サラ組もいる。専業就農者たちは共同出荷や共同宅配、農業機械の共同利用など、協力し合って生計を立てている。

農業機械保有台数も多い。廃業した地元の農家が譲ってくれるからだ。これらの農業機械を会員に安価で貸し出す。但し、きちんと講習を受けた人に限って貸し出される。正しい使い方をしないと、機械は直ぐに壊れるからだ。

実は正しい使い方をしても農業機械はよく壊れる。壊れる度に外部に修理依頼すると、

有機農業（脱穀）

年間の修理代は膨大な金額になる。笹村さんたちは、機械修理が得意な地元の人に委託する。一線を退いた技術者のケースが多い。暇だから安い手間賃で喜んで直してくれる。

日本の農地は遊休地だらけだ。全農地に占める遊休地の割合は、一九九〇年から二〇一〇年の20年間で約2倍に増えた。遊休地の全面積は約40万ヘクタール。埼玉県の面積に匹敵する。一方、農地が欲しくても手に入らない人は多い。つまりマッチしていない。

なんとかマッチングを図ろうと努力している組織や人は全国にたくさんいるが、あまり上手く行っていない。笹村さんたちは上手く行っている。違いは、遊休農地の地主や遊休機械の持ち主、専業就農者、市民会員の間に、あしがら農の会が適切に介在していることだ。もうひとつは、愉しさを主題にしていること。そうでなければ、長くは続かない。

あしがら農の会くらいの大きな規模でやると、バランスは取りやすい。が、一朝一夕でできることではない。しからば、小さい規模で月3万円ビジネスにしたらどうだろうか。実は、これをやっている人は少なからずいる。例えば、埼玉県長瀞町の丸山浩利さん。3反歩（3000㎡）ほどの田圃《たんぼ》で、10人くらいの会員と稲作をしている。丸山さん自身はサラリーマンだ。やり方は、あしがら農の会と同じだ。

自給自足をサポートする

自給自足を志向する人が増えている。しかし、実際に自給自足に踏み出す人は少ない。技が無いから・時間が無いから・都会だから・きつそうだから……増えない理由はタクサンあるが、要は孤立しているからだ。だから、自給自足を愉しくサポートしてあげる月３万円ビジネスは喜ばれる。

#42 アースバッグハウス

写真を見ていただきたい。非電化工房のヤギ小屋だ。ヤギ小屋と言っても、壁の厚さは30㎝もある。夏涼しくて冬暖かい。僕の弟子２人が１日半でつくった。大学を1年間休学して修行中の弟子だから、建築や左官仕事は素人だ。材料費は８０００円ほどだった。アースバッグハウスという手法で、このヤギ小屋はつくられている。アースバッグ（土のう袋）に土を詰め込み、積み上げると家が出来上がる。だから、分厚い壁の家が、アッという間に、安くできる。

実際には、表面に漆喰を塗ったり、ドアや窓を付けたりする。ヤギ小屋は小さいから1日半でできたが、時間をかければ大きな家もできる。写真のようなドーム型が、アースバッグハウスの特徴を出せて面白い。垂直な壁をアースバッグでつくって、普通の屋根を載せる……というような建て方もある。いずれにしても、メルヘンな、心が和む家が出来上がる。

前に非電化カフェを紹介した（#36）。非電化カフェはストローベイルハウスという手法でつくった。ストローベイルハウスもアースバッグハウスも、出来上がってしまうと区別はつきにくい。両方ともにメルヘンな家ができる。どちらかというと、アースバッグハ

アースバッグハウスのヤギ小屋

ウスは小さい家や、子どもの遊び場をつくるのに向いている。

アースバッグハウスは、出来上がってしまえば頑丈なのだが、建築確認申請は通りにくい。しかし、床面積が10㎡以下なら、建築確認申請は不要だ。そういう意味でも、小さい建物に向いている。

アースバッグハウスは、土のう袋に土を詰める作業、積み重ねる作業、鉄筋を叩き込む作業、漆喰を塗る作業……などなど、ひとつひとつの作業はツマラナイ。ところが、みんなでやると愉しい。人手も要る。だから、ワークショップの形が合っている。出来上がった後の達成感もハンパではないし、仲の良くなり方もハンパではない。

五十嵐貴博さん（新潟県長岡市）の月3万円ビジネスは、アースバッグハウスづくりだ。キャンプ場でアースバッグハウスづくりのワークショップを行う。地元の人には通ってもらうが、遠隔地の人には宿を格安で提供する。もちろん有料のワークショップだ。自分でつくれるようになる手ほどきをする。3時のおやつと夜の交流会は必須メニューだ。

ワークショップをやる度に、アースバッグハウスが増えて行く。キャンプ場だから、テントやキャンピングカーで寝泊まりしてもいいのだが、アースバッグハウスに泊まってもらってもいい。もちろん有料だ。つまり、ワークショップの参加費と、キャンプ場の宿泊費の両方が入ってくる。

#43 ペアーカット

ヘアーカットにもデフレの波が押し寄せて久しい。QBハウス1号店が神田に出現したのは一九九六年のことだった。ヘアーカットをたったの1000円でやってくれる。現在は国内に約480店舗もあるそうだ。

約480店舗と言うと多いように聞こえるが、理美容院の総数36万店舗に比べれば0.1％に過ぎない。残りの99.9％は相変わらず高い。だから、カッコイイ髪型にしたくても我慢している若者は多い。無理してカッコよくして、食費を節約している若者もいる。

非電化工房には住み込みの弟子が5人いる。1年間修行して自立力を養う。3食寝泊まりはタダだが、修行なので給料は出ない。給料が出ないから、理美容院に行くお金も無い。そこで、吉澤裕紀君と吉岡翔一朗君は、互いの髪をカットし合っている。ヘアーカットならぬ「ペアーカット」というわけだ。

ヘアスタイルの好みを先ずは話し合う。雑誌を見ながら、「俺こういうのがいい！」、「お前、それよっか、こっちのがいいぜ！」という具合だ。最終的にはカットされる側の意見が100％尊重される。ペアーカットを始めてから、まだ3回目だが、2人の腕前はナカナカのものだ。友人からの評判もいい。吉澤君は彼女からも合格点をもらっている。

このペアーカットを月3万円ビジネスに仕立ててみた。ペアーカットサロンを用意して、1時間1000円で貸すビジネスだ。椅子と鏡、鋏《はさみ》、櫛、エプロンは備え付けだ。ヘアーモード雑誌もたくさん置いてあるし、セルフサービスのコーヒーだってある。つまり、このペアーカットサロンに来ればペアーカットを愉しめる。

吉澤君たちによれば、2人で1時間は十分に長い。2人で1000円は十分に安い。こ

吉岡君をカットしている吉澤君

のペアーカットサロンを月に数十時間ほどオープンする。実働30時間程度とすれば、月の収入は3万円になる。ペアーカットに付き合う必要はない。むしろほったらかしの方が喜ばれる。だから他のビジネスとの併行がいい。例えばカフェの一角をペアーカットサロンにする。

1〜2畳ほどの場所をタダで使うことができれば、実収入も3万円だ。大学付近の空きガレージなんてオシャレでいい。なんだか流行りそうだ。休みの店を安く借りる手もある。

ペアーカットワークショップもたまに開く。1人1000円ほど参加費を頂く。講師はプロの卵に頼む。ネット上でペアーカット選手権なんていうのも面白そうだ。

　こういう風に、若い人がワイワイガヤガヤみんなで愉しみながら仕事を生み出すのが、月3万円ビジネスの面白さだ。

#44 鶏小屋をつくる

　写真を見ていただきたい。僕の弟子が作った鶏小屋だ。この鶏小屋は、夏涼しく、冬暖かい。鶏だって、夏涼しく冬暖かい方が嬉しかろうと思って、作ってみた。近所の鶏は、真夏や真冬には卵を産まないが、僕たちの鶏は年中産んでくれる。もちろん電気や石油は使っていない。

　ソウル市で開催された都市農業博覧会のことを、アップサイクル・プランター（#33）の項で紹介した。この博覧会では、講演や講義も頼まれたが、鶏小屋の展示も頼まれた。「こんな大きいものを運ぶのはヤだよ」と断ったら、「設計図を送ってくれれば、こちらで作る」と言うのでOKした。当日、会場に行って驚いた。僕の弟子が作ったものよりも格段に美しい。舞台の小道具制作に携わる4人の青年が作ったそうだ。但し、4人の青年に

鶏小屋（非電化工房製）

は十分な仕事が無い。

博覧会の期間中、この鶏小屋は黒山の人だかりとなった。鶏小屋の中に、鶏ではなくてヒヨコを10匹ほど入れたのが人気の理由だ。鶏小屋のガラス越しに見えるヒヨコは本当に可愛かった。鶏小屋の緑やオレンジ色とも絶妙にマッチしていた。

博覧会終了後、「あの鶏小屋が欲しいという希望者が殺到しているので、作って輸出してくれ」と主催者から頼まれた。「あんな大きなものを作って輸出するのはヤだよ」と断ったら、「博覧会で作った青年4人が作って売っていいか」と言うのでOKした。僕への礼は1ウォンも要らないことを付け加えて。

かくして、ソウルの若者4人にビジネスが生まれた。1人当たり月3万円ビジネス以上になっているようだ。

いま、自給自足を志向するソウル市民や東京都民は増え始めた。でも、踏み出せない。3K（汚い・きつい・危険）は嫌いだし、都会ではできないと思い込んでいるからだ。だから、鶏小屋だって、うんとステキにして上げる。鶏を飼って愉しんでいる自分の姿がイメージできるようにする。そうすれば、ソウル市の都市農業博覧会参加者のように、行動を起こす。

この月3万円ビジネスは、とても面白いと僕は思う。前著『月3万円ビジネス』（晶文社）で紹介した「卵を1日20個売るビジネス」と一緒にやるのも面白い。他の月3万円ビジネスの入り口にもなる。

#45 非電化グリンハウス

グリンハウスを作って売るという月3万円ビジネスはどうだろうか。この月3万円ビジ

非電化グリンハウス

ネスを実際にやっている人もいる。ただのグリンハウスでは面白くない。ビジネスにもならない。大勢の人が欲しくてたまらないような……というのは、普通のビジネスの話。月3万円ビジネスの場合には、ほんの僅かな人が欲しくてたまらなくなるようなグリンハウスでいい。

例えば、「ステキの極みの非電化グリンハウス」というのはどうだろうか。一般のグリンハウスでは、電気や石油を温度を高く保つのに、冬に室内のクサン使う。非電化グリンハウスでは、電気も石油も使わない。太陽熱を上手く採り入れて逃さないようにするからだ。

普通のグリンハウスはステキとは縁遠い。いわゆるビニールハウスだ。それを思い切りステキにしてしまう。写真は僕の弟子が作ったグリンハウスだ。僕がフィンランドの家をイメージしてデザインした。

このグリンハウスの床面積は10㎡（3坪）だ。10㎡以内なら建築確認申請は必要ない。僕の弟子が2人で実働20日で作った。材料費は20万円ほどだ。ということは、このグリンハウスを80万円の価格とし、10ヶ月に1棟売ることにすると、計算上は1人当たり月3万円ビジネスになる。1人当たりの仕事の時間は月平均2日となって、月3万円ビジネスのオヤクソクを満たす。

見学者の多くに、80万円で買いたいか……と質問してみた。2割くらいの人は、「安い、買いたい」と答えた。高いと言った人は1人もいなかった。10ヶ月に1棟を売るのは難しくないと、僕は感じた。

グリンハウスの応用範囲は広い。前著『月3万円ビジネス』（晶文社）で紹介した「無農薬緑茶自家栽培」もそのひとつだ。この場合は床面積は6㎡、高さは1mほどだから、建設は簡単だ。自分で組み立てられるようにして、お茶の苗とセットで12万円で販売する。材料費は6万円程度だから、2ヶ月に1個売れれば月3万円ビジネスになる。

#46 もやしもん

「もやしもん」（石川雅之著、講談社）をご存知だろうか。農業大学の学生が主人公の人気漫画だ。主人公の沢木青年は菌を視認し、菌と会話ができるという不思議な能力を持っている。主人公を含む大学生グループは、菌にまつわる様々な騒動に巻き込まれて行く。主人公が通う大学は、学生が作った食糧だけで自給自足の生活をする『春祭』や、料理や野菜などを学外の人々に販売する『収穫祭』など、イベントが盛んだ。因みに「もやし」は種麹《たねこうじ》の別称で、主人公は種麹屋の次男坊という設定になっている。

種麹というのは、麹を作る種になる麹のことだ。蒸した米や麦に種麹を微量混ぜ、温かい温度を保てば麹ができる。麹があれば味噌・醤油・甘酒・べったら漬けなどイロイロできる。麹に付いている菌はカビの一種だ。1000分の数㎜くらいの大きさだから、普通の人には見えないが「もやしもん」の主人公には見える。実は、僕も菌を視認できる。倍率3000倍の位相差顕微鏡を持っているからだけど。

種麹屋は、今では日本に数軒しか存在しない。工業的に作られた麹を買う人が圧倒的に多いからだ。自分で味噌を作る人は多いが、ほとんどの人は大豆と麹と塩を買ってくる。麹を買ってくれれば、味噌の作り方は簡単だ。大豆を煮て潰し、麹と食塩を加えて混ぜる。

米麹

容器に入れて寝かせておけば、数ヶ月後にホドホド美味しい味噌が出来上がる。大豆と麹の量は１対１にする。なぜかは知らないが、みんなそうする。食塩の量だけは変える。食塩の割合が多いと辛口、少ないと甘口というわけだ。

この作り方でワークショップを開催しても、人は来てくれない。誰でも知っているやり方だからだ。この方法だと、材料費は420円／kgくらい。味はホドホドの市販品（500～600円／kgくらい）くらい。因みに、格安味噌は300円／kgほどだ。

ならば、高級味噌（１５００円／kgくらい）よりも美味しい味噌が格安味噌のコストでできたらどうだろうか。参加費３０００円（材料費別）で10人くらい集めるのは難しくない。

どうすればよいかと言うと、麹を自分で作って、タクサン混ぜればいい。麹を自分で作るのは買うと高いから（千数百円／kg）、タクサン混ぜるのは美味しいからだ。

塩の量が少ない味噌を甘口味噌とよく言うが、そうではなくて麹の量が多いのが本当の甘口味噌だ。大豆と麹の重量比を1対1ではなく、1対5にする。塩も普通の工業製品（100円／kg）ではなくて天然塩（２０００円／kgくらい）を奮発する。これで高級味噌よりも美味しい味噌が、格安味噌のコストでできる。

麹をつくるのは難しくない。蒸米に種麹を少し（0.2％くらい）だけ混ぜ、あとは温度管理をするだけでいい。種麹は出来上がり麹15kg用を200円くらいで購入できる。

味噌づくりも、ここまで掘り下げておくと、発展性があっていい。麹づくりや醤油づくりのワークショップに繋げることもできる。マルシェなどで販売するだけでも月３万円ビジネスになる。余談だが「もやしもん」という漫画は面白い。月３万円ビジネスのヒントがタクサンある。一読をお勧めしたい。

#47 酵母ビジネス

酒、ワイン、ビール、パン、味噌、醤油、酢、味醂、納豆、ぬか漬け、キムチ、ピクルス、チーズ、ヨーグルトが発酵食品であることは誰でも知っている。かつお節、メンマ、紅茶、烏龍茶、くず餅、ナタデココも発酵食品だと知る人は、少ない。

発酵食品づくりに役立つ菌を酵母と、一般的には言う。学術的に厳密に言うと違うのだが、一般的な言い方に従う。酵母に関わるビジネスを酵母ビジネスと言う。酵母自体を作って売ったり、発酵食品の作り方を教えたり、出来上がった発酵食品を販売したり……酵母ビジネスは、月3万円ビジネスの宝庫だ。

酵母ビジネスの出発点は、自分で酵母を作れるようになること。麹については前節「もやしもん（#46）」で紹介した。パンやワインをつくる酵母も簡単にできる。ネットで検索すれば、作り方はいくらでも出てくる。

いい酵母ができたら、保存して何度でも使う。足りなくなったら増やして使う。「種継ぎ」だ。保存は、冷凍庫を使って冷凍保存するのが一番簡単だ。冷凍して眠らせておいた酵母を使う時は、「種起こし」して、眼を覚まさせる。

酵母を作ったり、種継ぎしたり、種起こしするには、適切な温度で一定に保つと早く上手くできる。温度を一定に保つ箱のことを、発酵槽とか恒温ボックスと言う。買うと高い。大きさにもよるが、数十万円ほどかかる。自分で作れば1万円ほどでできる。大きめの恒温ボックスがあると、発酵食品づくりも上手く行く。発酵槽の作り方もネットで調べれば

手作りワイン

出てくる。

　酵母を作れるようになったら、発酵食品づくりに移る。例えばワイン。美味しくて糖度の高い100％ぶどうジュースを購入する。これに自作の酵母を少量入れて、空気中の浮遊菌が入らないように注意しつつ、温度を適切に保つ。1週間もすれば、美味しいワインが出来上がる。

「美味しいと言っても、大したことはないだろう」と思うかもしれないが、実は大したものができる。自分好みの味を選び、自分好みの甘さとアルコール度に留め、自分好みの発泡度の頃合いを見計らって、酵母を活かしたまま飲む。美味しくないわけが無い。もちろん、酸化防止剤の亜硫酸塩など混ぜない。

周東佑誠《しゅうとうゆうせい》さん（東京都府中市）と川畑宗次さん（東京都国立市）の月3万円ビジネスは、ワインづくりWS（ワークショップ）だ。1回目は酵母づくり、1週間おいた2回目はワインづくり、更に1週間おいた3回目は試飲会……という、3回でワンセットの有料WSだ。参加者は毎回十数人。参加費は材料費込みで5000円。

周東さんたちはワインづくりの修行に3ヶ月励んだだけで、第1回目の有料WSを開催した。修行と言っても、会社勤めの傍らの3ヶ月だから、大したことはできない。「たった3ヶ月の修行で有料WSとはケシカラン」と思うかもしれない。普通はそうだ。だが、3ヶ月経った時点で周東さんたちは自信を付けてしまった。周りの女性が揃って絶賛してくれたからだ。

修行3ヶ月で開催したWSの参加者は、全員が感動して帰ったそうだ。5000円が高いと不平を言う人はひとりもいなかった。月3万円ビジネスの面白さだ。

前述の発酵槽の制作・販売だけでも月3万円ビジネスになる。傑作の酵母をつくって販売しても、月3万円ビジネスになる。その他イロイロ。酵母は月3万円ビジネスの宝庫だと、つくづく思う。

#48 ロケットストーブ

ロケットストーブ作りが、日本と韓国と米国で小さなブームだ。ブームの理由は二つある。ひとつ目は「ストーブを自分で作れるのか!」という驚き。いとも簡単にできて、効率も良い。二つ目は「ロケットストーブ」というネーミングが受けたこと。昔からあった方式なのだが、米国で「ロケット」と名付けられてからブレークした。ストーブやコンロを使わない若者までが作っている。もちろん作っても使わない。

今まではできないと思い込んでいたストーブを簡単に作ることができ、効果を肌で感じられる。つまり達成感が大きい。だから、ロケットストーブは確かによい入り口だと思う。何の入り口かと言うと、自分たちで作る世界への入り口、それと環境やエコに積極的に関わる世界への入り口だ。

こういう入りやすい入り口から入って、みんなで作る愉しみを覚えてもらう。エコロジーに創造的に関われるという快感をも覚えてもらう。一緒にモノを作ることを通して仲間意識も深める。次のステップ、すなわち別な月3万円ビジネスに発展させることが容易になる。

ロケットストーブというのは、断熱材で囲ったヒートライザーという筒の中で燃焼させ

ロケットストーブ式コンロ

る。燃焼温度は高くなって、高温の空気を押し出す力が強くなる。オンドル（朝鮮半島で普及している床下暖房）のように、高温空気を通す経路が長い場合に有効だ。また、空気を引き込む力も強いので、薪が燃えやすい。この特徴を活かすと、よく燃えるコンロができる。

ストーブではなくてコンロを作るワークショップがほとんどだ。ストーブ作りは大変だし、そもそもストーブを使う人は少ないからだろう。

ロケットストーブ作りは、月3万円ビジネスになりやすい。但し、狭い地域で何回も繰り返すことはできない。こういうことに興味を示す人の総数は限られているからだ。やはり、入り口に位置づけて発展させて行くのが賢明だろう。

アートなストーブ作りも発展の方向のひとつだ。本格的な薪ストーブは本体価格が数十万円。煙突等の設置費用も数十万円かかる。憧れていても手を出せない人は大勢いる。例えば、金属の筒の周りにテラコッタ粘土を塗り、陶器の破片のモザイクを施せばアートの極みのストーブができる。材料費は数万円以下だ。これは一例に過ぎない。発展の方向はタクサンある。

#49 液肥をつくって売る

野菜づくりや米づくりを始める人が増えている。家庭菜園を愉しむ人、市民農園に通う人、ダーチャ村（#97参照）で週末農業に励む人、田舎に移住して本格的に農業を始める人……など様々だ。中高年の方が多い。有機農業を選ぶケースが圧倒的だ。つまり、農薬と化学肥料は使わない。農業機械もなるべく使わない。

いい野菜がタクサン採れて愉しんでいる人も多いが、痩せた野菜しか採れないでガッカリしている人はもっと多い。慣行農業（農薬と化学肥料と農業機械を多使用）をやっている人からは馬鹿にされる。余談だが、農業とゴルフはお節介が過ぎる。

人が育つには食料が必須であるように、農作物が育つには肥料が必須だ。化学肥料をたっぷり施せば、見かけは立派な作物ができる。慣行農業で大量の化学肥料を使用する理由だ。しかし、化学肥料の過剰使用が環境汚染の最大の元凶になっていることも紛れもない事実だ。また、化学肥料を使った立派な野菜は、味と栄養の点では決して立派ではない。土中微生物が減って土は硬くなる。

だから多くの人が有機農業を目指す。有機農業では有機肥料を使う。雑草が分解されて肥料になるような、自然の循環原理を使った自然農もあるが、一般の有機農業では堆肥《たいひ》を作って施肥する。

問題は堆肥の栄養が不足することだ。鶏糞から作った堆肥は自重の10%強が栄養だが、青草や藁から作った堆肥の栄養は1%に満たない。そこで大量の堆肥を使うことになる。作物によるが、元肥だけでも、1㎡当たり最低でも3kg程度は撒く。1反歩（1000㎡）だと3トン。更には元肥と同じくらいの追肥を撒く。

有機農業を仕事にしている上級者にとっては当たり前のことだが、初級・中級の人にとっては、ハードルが高い。

そこで、追肥用に「液肥をつくって売る」という月3万円ビジネスはどうだろうか。液

手づくり液肥

肥としては「油粕液肥」が有名だ。油粕を同量の水に混ぜて保温しておけば発酵が進み、2~3週間で油粕液肥が出来上がる。とても簡単だ。

油粕1に対して水10くらいの割合の場合、油粕液肥の栄養成分は窒素が0.3%くらいになる。しかしリン酸は0.02%、カリウムは0.1%程度でしかない。だから窒素分を補う場合にはこれでいいのだが、リン酸やカリウムも補いたい場合には、鶏糞や藁、米ぬか、青草などを混ぜて液肥をつくる。特にスギナは異常なほどにカリウム成分を含んでいるので、油粕+スギナ液肥はカリウム成分を補給したい時に有効だ。

月3万円ビジネスとしては、「液肥

づくりワークショップ」でもいいし、つくった液肥を販売してもいい。栄養成分の簡単な分析法を身に付け、成分表示をする。野菜の出来具合を見て、どういう成分の追肥をすればよいか……というアドバイスができるようにしておくと、とても喜ばれる。

同じようなアドバイスは、組合員に対してＪＡが行ってくれる。土壌分析もお手のものだ。しかし、有機農業派はＪＡに属していない。そもそも、ＪＡは化学肥料の使い方しかアドバイスしてくれない。

この月３万円ビジネスは、いいビジネスになる。液肥から出発して、土壌分析サービス、土壌改良アドバイス、農業機械の共同使用……などなど、発展性がある。

#50 農業機械をシェアーする

有機農業を志向する人が増えている。農薬と化学肥料を使わない。機械もなるべく使わない。農薬と化学肥料を使わないことには大賛成だが、機械をなるべく使わない……という意見には異論がある。

家庭菜園のような小規模農業ならいざ知らず、中規模以上で機械を使わない農業は、いささか辛い。40歳を過ぎてから有機農業を始めた人には腰痛持ちが多い。

機械を使いたがらない理由は、機械の使用が環境持続性と経済持続性を損なうからだ。環境持続性はわかりやすい。機械が使う石油や潤滑油の問題だ。経済持続性というのは、ひとつには機械にかかる費用が大き過ぎて、小規模農業の経営を圧迫すること。二つ目は、大型機械を購入できる大資本のみが農業を独占してしまうことだ。

ならば、持続性を損なわない機械の使い方なら、どうだろうか。持続性を損なわない技術のことをAppropriate Technologyという。対応する日本語は無いので「適正技術」と訳しておく。

適正技術であれば機械をドンドン使った方がいい……というのが僕の持論だ。例えばトラクター。1反歩（1000㎡）の土地を手で耕すのは辛い。小型（20馬力程度）のトラクターが有れば1時間で耕せる。燃料消費量は1反歩当たり2リットル程度と少ない。少ないと言っても石油を使うのは勿体無い。そこでSVOトラクターというのはどうだろうか。SVOのことは「天ぷら油で走る車（#4）」の項で紹介した。ディーゼルエンジン搭載のトラクターを手に入れて、天ぷら油の廃油で走れるように改造する。畑で採れた作物から搾《しぼ》った植物油を使ってもいい。因みに僕もSVOトラクターで畑や田圃を耕している。まったく支障は無い。SVOは真冬に弱いが、トラクターは真冬には使わない。

稲刈り機

中古の機械を手に入れて、みんなでシェアーすれば、経済的な持続性も守れる。例えば田植機。6条の搭乗式田植機を新品で購入すると200万円ほどかかる。僕は5万円で手に入れた。中古だからだ。因みに、トラクターは30万円、バインダー（稲刈り機）は4万円で手に入れた。まともに動く。

5万円で手に入れた田植機を5軒でシェアーすることにすれば、1軒当たり1万円。10年保たせれば、1軒あたり年に1000円。田植えの期間は1ヶ月以上あるのだから、5軒でシェアーするのは難しくない。田植機の燃料消費量は、トラクターと同様1反歩当たり2リットルだ。但し、5軒がよほどに親密な仲間でなければ、シェアーは難しい。

そこで、自分で購入し、保管する中古機械

を仲間に貸す形にする。こうすることで財産権や保管や使用時期の調整などのややこしい話が単純になる。計算式に従って定めた貸し賃を、購入時点で先払いしてもらう。仲間が増えれば増えるほど、ひとり当たりの貸し賃は安くなる計算式にする。この計算式には、購入し、保管し、貸出事務を行う費用も含まれている。この費用が月3万円ビジネスの収入になる。

「農業機械のシェアー」という話は、昔から取沙汰されているのに、実現した例が無い。月3万円ビジネスを導入することによって、理想が現実になる。

#51 機械を修理する

農業機械はよく壊れる。修理費は高い。例えば田植機。修理費は年に10万円ほど……というのが常識だ。貸し借りして故障するとヤヤコシイ。

故障するのは、トラクターや田植機だけではない。稲刈り機、籾摺《もみす》り機、チェーンソー、エンジン刈払機、軽トラ、油圧ショベル……みんな故障する。故障するたびに専門家に修理を依頼すると、膨大な支出になる。

機械修理請負人の武樋孝幸さん

膨大な支出になる理由は、機械ごとに修理会社を変えなければならないからだ。しかも修理会社は遠方にしか無い。修理会社だって大儲けしているわけではない。いつ来るかわからない修理の依頼に備えて、技術者を待機させておかねばならない。

しからば、どんな機械でも直せる機械修理請負人が近くにいたらどうだろうか。しかも、複業で生きているから、暇で遊んでいる時間の分まで修理費に上乗せすることもない。

武樋《たけひ》孝幸さん（福島県西会津町）の月3万円ビジネスは、まさに機械修理請負人だ。どんな機械でも時給1000円+部品代実費で直す。地域の人は大喜びだ。もちろん武樋さんでも直せない故障はある。その場合だけは、メーカーに繋ぐ。高い請求書が届かないようにも配慮して上げる。

武樋さんは大学工学部の教員生活にピリオドを打って、田舎に移住した。月3万円ビジネスの複業を実践している。「オートバイの足回りフルメンテナンス」もそのひとつだ。

愛車で乗りつけてもらい、フロントフォークオーバーホール、ステムシャフトやスイングアームピボットの分解グリスアップの技術指導をする。各種特殊工具および設備の貸し出し、1泊2日3食付きで4万円。「どうせお金をかけるなら、一緒に技術を身に付けてしまおう」というのが、武樋さんからの呼びかけだ。

いろんなコミュニティーが育ち始めた。ひとつのコミュニティーの中に1人か2人、武樋さんのような人が存在する意義は大きい。前項（＃50）で紹介した適正技術を実践できる。雇用も生まれる。

助け合えば上手くゆく

一人ひとりが孤立していると弱い。強い人たちから利用されてばかりいる。ロクでもないものを高く買わされてばかりいる。みんなで助け合えば上手くゆくと、誰もが思うのだが、どうやって助け合えばいいのかがわからない。だから、助け合いをサポートする月３万円ビジネスはタクサンある。弱い人たちが困らなくなる。

#52

共同購入サービス

1BOGという言葉を聞いたことがおありだろうか。One Block Off the Grid の略語だ。サンフランシスコを中心に米国で流行っている共同購入のことだ。

1BOG社という社会的企業が共同購入を代行する。1BOGで扱う商品は太陽光発電装置のみだ。地域を限定して、ネット上で共同購入希望者を募る。希望者が100人に達すると複数のメーカーや設備業者と値段交渉する。品質とサービスを伴うことは必須条件だ。太陽光発電のことを熟知した担当者が、100軒分をまとめて交渉するのだから強い。

消費者にしてみれば1BOGは心強い味方だ。業者に騙されたり、高い買い物をさせられる心配が無くなる。二〇〇八年にサンフランシスコからスタートした1BOGは、全米各地に急速に広がった。今では、1BOGの会員登録数は約30万人に達し、太陽光発電装置の取扱高は全米1位になった。

消費を巡るトラブルは、日本でも日常茶飯事だ。消費生活センター等への相談件数は年毎に増え続け、年間100万件に迫る勢いだ。住宅・アパート・保険・車・英会話・太陽熱温水器・通信・ファンド型投資商品・化粧品・健康食品・消火器・美容器具……等々、騙された消費者の苦情のオンパレードだ。騙されるのは消費者が孤立しているからだが、実は

太陽光発電

ほとんどの消費者は孤立している。

しからば「共同購入サービス」という月3万円ビジネスはどうだろうか。例えば、太陽光発電装置の共同購入。太陽光発電装置は一軒当たり平均約200万円と高額だ。先ず、導入を検討している人を5人以上集める。それぞれの家の電力消費量や屋根の向きや大きさなどを下調べした上で、メーカーや設備業者と交渉する。品質・サービス・価格の点でベストな答えを消費者に提案する。商談成立の場合には、消費者側から購入額の2%を手数料として頂く。5人の内の3人が商談成立したとすると、手数料収入は約12万円。年に3ラウンド回すとすると、月の収入は3万円。要する日数は月平均2日程度だ。

太陽光発電に限る必要は無い。太陽熱温水器でもいいし、車検、プロパンガスや火災保険や合併浄化槽管理の業者&価格の見直し……等々、共同購入のテーマはたくさん有る。孤立した消費者を繋いで助けて上げていただきたい。

#53 CSAビジネス

CSAがアメリカとカナダで盛んだ。約1000地域で10万人以上が参加している。CSAはCommunity Supported（または Shared） Agricultureの略。住民が同じ地域の農家を支援する。典型的な方式は、シーズン前の一括前払い制で、シーズンには段ボール箱詰めの野菜や果物を週に1度受け取る。豊作ならタクサン、凶作ならスコシ受け取る。つまり利益もリスクもシェアーする。

農家にとって何より辛いのは、収穫や収入が安定しないこと。豊作だと価格が安くなり、凶作だと収入が乏しくなる。お金は先に出て後からしか入ってこない。だから農家にとってはCSAは有り難い。経営が安定する。農家の経営が安定することは、住民にとっても有り難い。地元の野菜や果物を安定的に入手できるからだ。地元の農家という安心もある。

有機農業

アメリカのCSAは、日本の「生活クラブ」を中心とする産直連携をルーツとする……と言われるが定かではない。産直連携とCSAは、農家と消費者とが直接に連携するという点では同じだが、リスクをシェアーするという点では異なる。農家にとってはCSAの方が経営が一層安定して、良い作物を作ることに専念しやすい。消費者との結びつきも強くなる。

最近になって、日本でもCSAをオルガナイズする企業やNPOが現れ始めた。主に有機農家を支援する活動を展開している。身体にも地球にも安心な農業の進展という点で好ましい傾向だと思う。しかし、これらの企業やN

POは数が少なすぎる。全国各地で有機農業に励む農家には恩典が届かない。例えば、北関東の栃木・群馬・茨城には僕の知る限りCSAは存在しない。

兵庫県宝塚市の浜畑有信さんの月3万円ビジネスはCSAベジカフェだ。カフェと八百屋が渾然一体となったベジカフェを拠点にしてCSAを展開する。但し、思い切り小規模にする。有機農家10軒と自然派地元民数十人だけのCSAだ。

有機農家1軒あたりの地元消費者は数人に留まる。「それでは農業が成り立たない」と思うかもしれない。確かに大規模農家ならそうだ。桁が二つほど小さい。だが、浜畑さんが支援する有機農家は小規模農家だけだ。生計を農業だけには依存しない複業農家ばかりだ。浜畑さん自身も大規模展開ではなくて、思い切り小規模の月3万円ビジネスだ。だから成り立つ。

何でも大きければいい……というものではないと僕は思う。特に農業はそうだ。大きければ大きいほど環境持続性と健康は破壊されるような気がしてならない。思い切り小さい、月3万円CSAビジネスの意義は大きい。

#54 杉皮で屋根をつくる

檜の皮で葺いた屋根を檜皮葺《ひわだぶき》と言う。檜皮葺は美しいし、落ち着いているので僕は好きだ。檜の皮を杉皮で代替したものが杉皮葺だ。写真は＃36で紹介した非電化カフェの屋根だが、これ以外にも4棟の杉皮葺の家が非電化工房内には建っている。茅葺《かやぶ》き屋根の家も建っている。茅葺きも好きだからだ。

真夏の昼間に屋根の上に手を触れた経験をお持ちだろうか。熱くて触れない。だから、天井に断熱材を厚く入れても、エアコンがなければ堪らない。非電化住宅はエアコンがなくても夏は涼しい。最大の理由は杉皮葺や茅葺きだからだ。杉皮や茅は太陽の光を遮断してくれるので屋根が熱くならない。つまり杉皮葺や茅葺きは美しいだけではなくてエコロジカルだ。

杉皮を葺くのは難しくない。屋根板（野地板と言う）の上に防水シート（ルーフィングと言う）を貼り、その上に杉皮を重ねて、傘釘などで留めるだけだ。素人でもできる。ところがプロに頼んでもやってくれない。茅葺き屋根と同じだ。技を持った職人がいない。

杉皮は1坪当たり4000円程度で購入できる。実際に貼るときは重ねて貼るので、出来上がり1坪当たりだと8000円ほどになる。瓦や鋼板の屋根をプロに頼むのに比べれば桁違いに安上がりだ。

杉皮の屋根

杉の皮を自分で剝《は》げばタダになる。実は杉の皮を剝ぐのは難しくない。輪切りのように鋸《のこぎり》で皮を切り、ナイフで縦の切り込みを入れ、ヘラで円周方向に剝ぎ取る。９月頃なら、嘘のように簡単に剝ぎ取れる。鋸は刃が曲線状になっている生木用の曲がり鋸が使いやすい。ヘラは幅が広くて、先が鋭く、分厚いものがいい。鉄製スクレーパーの分厚いものでもいい。

日本中が杉だらけだ。経済効果が無いという理由で利用されないからだ。間伐もされないで放置されているので、日本中の森林が荒廃している。誰でも知っていることだ。そこで市民団体の間で「皮むき間伐」が盛んになった。「森の蘇り」というＮＰＯが、この皮むき間伐の普及に尽力している。

杉の木の下部に輪っか状の切れ目を入れ、切れ目からヘラでこそいで引き上げる。2～4mくらいを丸裸にして放置する。1年半くらいすると杉の木は立ち枯れして軽くなるので、伐採が容易になる。伐採しないと10年くらいで腐って土に戻る。

皮むき間伐は素晴らしい活動だと思うが、剝いだ皮は幅が狭くて使えない。だから、この方法ではなくて、先に紹介した方法がいい。剝いだ杉皮が屋根材として使える。間伐という意味では同じ効果が生まれる。売れば1坪当たり4000円程度の収入が生まれる。つまり、社会性と実益が両立する。間伐ワークショップや杉皮で屋根をつくるワークショップでもいいし、杉皮の販売でもいい。月3万円ビジネスとして成立する。

#55 IT'sのための自給自足村

ITというのは言うまでもなく情報技術のことで、IT'sというのは情報産業従事者のことだ。都会にはIT'sが多い。例えば東京都の品川区では勤労者の5人に1人がIT'sだ（総務省による）。

IT'sが増え始めたのは一九八〇年頃からだ。ＩＴ産業が急成長し、IT'sも急増した。一九八六年に20万人だったIT'sは、二〇一〇年には100万人に達している。だが、飛ぶ鳥落とす勢いのＩＴ産業にも、影がさしてきた。二〇〇九年まで一本調子で成長して、年間20兆円の規模に達した情報産業は、二〇一〇年からマイナス成長に転じた（経産省による）。IT'sの仕事も過酷になってきた。始発で出社し終電で帰るどころか、会社に寝泊まりという若者も少なくない。ただでさえ精神的ストレスが溜まりやすい仕事に肉体的な負荷も加わる。IT'sの60％がうつ病（二〇一〇年。厚労省による）というから驚く。

そもそもIT'sが都会でのみ仕事をする……というのは、なんだか変だ。一昔前ならいざ知らず、いまは高速通信網が全国に張り巡らされている。しかもＩＴの専門集団だ。理解に苦しむ。

試しに何人かのIT'sに訊いてみた。「なぜ都会に留まっているの？」と。異口同音に同じ答えが返ってきた。「そこに会社があるからさ」と。会社に所属しないIT'sに同じ質問を試みた。異口同音に同じ答えが返ってきた。「地方には仕事と家と仲間が無いからさ」と。

しからば「仕事と家と仲間」の3点セットが揃えばどうだろうか。美しい自然に恵まれた地方都市での話だ。地方なら支出が少ないので、収入も少なくていい。仕事量を減らし

自給自足に励む澤田さん

て、自由時間を増やせる。自給自足に割ける時間が増えて、支出は更に減る。健康に恵まれ、ストレスとは無縁の生活が待っている。主たる仕事はＩＴだが、他の仕事も愉しむ。

　実は、この国では若者が移住する町が増えている。山形県鶴岡市、富山県氷見市、山梨県北杜市、千葉県匝瑳《そうさ》市、島根県海士《あま》町……などなど、タクサンある。これらの町では「仕事と家と仲間」の3点セットが得やすいというのが唯一の共通点だ。移住者にはIT'sも含まれている。

　だから、IT'sが仕事を持って移住する場を用意して上げたい……と澤田広平さんは考えた。澤田さん自身もIT'sのひとりだ。

「なんだか変だ！」と訝《いぶか》しさが募った澤田

さんは、勤めていた会社を辞めて、自給自足大学に入学した。二〇一四年四月から十二月までの8ヶ月間、澤田さんは自給自足技術の修得に励んだ。仲間もタクサンできた。因みに、自給自足大学は僕が主宰している。

野菜も米も作れるようになった。家も作れるようになった。自家発電だってできるようになった。重機を運転する土木作業だってできる。水道工事だって、石窯《いしがま》づくりだってできるようになった。そして澤田さんは「ひとりでも生きて行ける」という自信が付いた。そして「みんなで生きた方が愉しい」と気付いた。

澤田さんは「IT'sのための自給自足村」の建設に着手した。場所は山口県柳井市だ。地元の宮本さんから古民家をタダでプレゼントしてもらった澤田さんは、この家を拠点にすることにした。そして、全国のIT'sに呼びかけを開始した。「僕と一緒に自給自足村を建設しないか！」と。

ＩＴは世界中の人を温かく繋ぐ手段になり得る。世界中の人に、より人間らしく生きる文化を発信できる。ＩＴとはそういう人間性豊かなものでありたいと澤田さんは願っている。そのためには、IT's自身が孤立して疲弊していてはいけない。みんなと温かく手を繋ぎ、より人間性豊かに生きなければならないと思っている。それが実現できる自給自足村を澤田さんは思い描いている。

因みに、澤田さんは、質の高いＩＴの仕事をしながら、いくつかの月３万円ビジネスをも愉しみたいと計画している。仲間と一緒にやる月３万円ビジネスが多い。仲間と活動する快感を知ってしまったからだ。IT'sの仲間にも、月３万円ビジネスを勧めてみたいと考えている。

温もりのある人間関係の中で、自然に親しみながら、身体を動かしながら、よりよく生きたいと願うIT'sのみなさんは、澤田さんの呼びかけに応じてみてはどうだろうか。

#56 ハッピー・ウェディング

結婚しても結婚式はしないカップルが増えている。67万組の婚姻組数（二〇一二年、厚労省）に対して、結婚式の数は35万組（二〇〇五年、経産省）。つまり、半分近くのカップルが結婚式を挙げていない。

4組に1組は再婚……というのも、挙式数が減る原因のひとつだ。親類や会社の上司・同僚への披露は億劫だから海外で……ということもある。が、圧倒的な理由は「お金がかかり過ぎる」ということだ。結婚式に限ったことではない。葬式の数も減り続けている。

国分寺のカフェスロー

やはり、お金がかかり過ぎることが原因だ。だが、安ければいいというものではない。惨めな結婚式なら、しない方がマシと、ほぼ全員が考える。

心温まる感動的な結婚式なのにお金はかからない……となれば、話は別だ。例えば柿原優紀さんが主宰するHappy Outdoor Wedding。「手作りでステキな結婚式をアウトドアーで」を提案してサポートしている。奥多摩のキャンプ場だったり、牧場、吊り橋、砂浜……アウトドアの選択肢は広い。

地元の畑から譲ってもらった花で広場を埋め尽くしり、キャンプファイヤーがあったり、地元の食材を活かした豪快なアウトドア料理があったり……飾り付けや料理やイベントの選択肢も広い。

そしてなによりも「みんなで手作り」の温もりがいい。手作りだからといって、参加したお年寄りが顔をしかめるようなことは無い。参加した全員の心が温まり、祝福の気持ちが溢れる。そういう結婚式だ。百聞は一見にしかず——柿原さんのウェブサイトを見ていただきたい。「私の結婚式は柿原さんに相談しよう!」と思うはずだ。

カフェスローというカフェが国分寺にある。スロームーブメントの中心的な存在だ。カフェスローでスロー・ウェディングを挙げるカップルも多い。カフェスローのスタッフも加わって、手作りの心温まるスローな結婚式を実現して喜ばれている。もちろん低料金だ。

柿原さんやカフェスローを見習って、ハッピー・ウェディングを提案しサポートする月3万円ビジネスはどうだろうか。例えば、列席者からの「結婚祝い」のお金は遠慮してもらって、会費5000円だけを頂く。その会費だけですべての費用を賄う。それなのに、感動的なほどに心温まる結婚式を実現する。サポートは2人組の女子ユニットが受けもつ。女子ユニットのサポート料金は12万円。年に6組だけに限定して引き受ける。ひとり当たりの収入は月に3万円になる。

一生に一度の晴れの舞台だ。出発の神聖な儀式でもある。心から祝福される、想い出に残る結婚式でありたい。ハッピー・ウェディングという月3万円ビジネスは、きっと喜ばれるに違いない。

生活をアートに

非日常的にアートと付き合い、日常的にはアートと無縁の生活を過ごす。今までのアートとの付き合い方だ。しかし、日本も成熟社会に入った。生活のアート度を上げたいと願う人は増え始めた。「生活はアート」というのはフランス人がよく口にする言葉だが、それを促す月３万円ビジネスは喜ばれそうだ。

#57 エッセンシャル・オイル

　エッセンシャル・オイルと言えば、女性なら誰でも知っている。バラの花などの植物から抽出した香油だ。香水やアロマテラピーに使う。化粧水として使われることもある。本物のエッセンシャル・オイルは純天然だから安心だし、出来のよいものは本当に良い香りがする。問題は価格だ。安いものでも、10ccで2000円、高いものは数万円もする。数百円のものも売られているが、これはケミカルの抽出剤を使った工業製品だ。

　一方、エッセンシャル・オイルを自分で作る人もいる。作るプロセスが愉しいからだ。価格もタダ同然だ。花やハーブを自分で育てる。あるいは、野山から採取してくる。そうして集めた花びらや種や枝葉などを水蒸気にさらして、香料成分を抽出する。水蒸気蒸留法と呼ばれる方法だ。蒸留器さえ手に入れれば、いとも簡単にできる。蒸留器は安いものなら2万円足らずで購入できる。やってみれば、あまりの簡単さと、あまりの愉しさに驚くはずだ。

　そんなに簡単なら、誰でも自分で作っているかというと、そうではない。出来上がったエッセンシャル・オイルを買って、「高い」とこぼしている人がほとんどだ。エッセンシャル・オイルに限ったことではない。ビールだって、ワインだって、パンだって、麦茶だ

ビーカーと漏斗で作った蒸留器

って、石鹸《せっけん》だって、ナンダッテカンダッテ自分では作らないで、お金を出して買う。そういうことが50年も続いた。高度経済成長というのは、つまりそういうことだ。ついには、自分では作らない癖が付いてしまった。

しからば、「エッセンシャル・オイル作りのワークショップ」という月3万円ビジネスはどうだろうか。作り方を愉しく実習し、蒸留器も持って帰れる。会費は８０００円だけ。このワークショップを、月に１回だけ開催する。新規参加者は６人限定とする。蒸留器の材料費３０００円を差し引くと、月の収入は３万円だ。蒸留器を６個作るための時間は６時間程度だ。

蒸留器付きで８０００円なら、月に６人

の参加者を集めることは難しくない。2回目からの参加者は蒸留器持参で2000円で参加できる。花や種や枝葉を予《あらかじ》めイロイロ用意しておく。田舎なら植物採集に出かけてもいい。そして各自が異なる種類のエッセンシャル・オイルを作って、イロイロな香りをみんなで愉しむ。美味しいコーヒーとクッキーは必須だ。愉しい会話が弾まないワケがない。参加者同士が仲良くならないワケがない。

#58 アートなガラス瓶保存食

ピクルスやジャムなど、ガラス瓶保存食には誰もが世話になっている。自分で作って保存する……のは昔の話。メーカーが作ったものを買ってくるのが、今はほとんどだ。合成保存料入りがほとんどで、それを冷蔵庫に保管するのがほとんどだ。合成保存料や冷蔵に頼らなくても、旬の食品を長期間、美味しく保存できるのが、ガラス瓶保存食だったはずなのに。なんだか変だ。

ガラス瓶保存食は、二百年ほど前にフランスで始まった。二百年経った今でも、自分で作って愉しむフランス女性が圧倒的に多い。合成保存料も合成着色料も使わない。冷蔵庫

ガラス瓶保存食

ではなくて、棚に美しく並べる。時には友だちにプレゼントする。なんだかステキだ。

アメリカ人女性も、自分で作るのが好きだ。ポートランド在住のブルック・ウィーバーさんは「キャニング・クラブ」という交換会を主催している。自分で作ったものだけでは食べ飽きてしまうからだ。テストで不正をするカンニング（cunning）ではなくて、ガラス瓶保存食という意味のキャニング（canning）だ。お互いのレシピをカンニングするのではなくて、教え合う。月に1度の交換会には、60人くらいが参加し、持ち寄ったキャニングは300個くらいになるという。なんだか愉快だ。

「アートなガラス瓶保存食」という月3万円ビジネスはどうだろう。旬の野菜や果物を、酢漬けやピクルス、砂糖漬け、塩漬けにする。大事なことが三つ有る。先ずは旬のオーガニック野菜や果物を選ぶこと。二つ目は合成添加物ゼロで美味しく味付けすること。三つ目はアートにすること。長期保存できればダサくてもいいだろう……では貧しい昔に戻ってしまう。新しい豊かさの実現に、アートは必須だ。

ガラス瓶保存食のワークショップを月に1回だけ開く。会費は材料費込みで2000円程度。ウィーバーさんにならって月1回の交換会も開催する。過去にワークショップに参加した人全員が交換会の対象だ。

会員に、美しいガラス瓶や、旬のオーガニック食材、スパイスを手頃な価格で提供する。このような材料提供による収入とワークショップ収入を合わせると月3万円程度の実収入になる。

アート度のアップに加えて、愉しさのアップも忘れないでいただきたい。ビジネスが長続きしない原因の1番は、愉しさの演出を忘れてしまうことにある。そして愉しさの1番は温もりのある人間関係、2番は美味しいことで、3番は雰囲気、達成感が4番目……僕の持論だ。

#59 葉っぱで器をつくる

岐阜県各務原市の堀江宏喜さんの月3万円ビジネスは「葉っぱで器をつくる」だ。先ずは写真を見ていただきたい。鮮明なカラー写真でお見せできないのが残念だが、イマジネーションで補ってほしい。長さ15センチくらいの小ぶりの皿だ。大変に美しい。この皿は葉っぱでつくられている。堀江さんの発明だ。

堀江さんは大手企業で、デザインの仕事をしている。抜群のセンスの持ち主だ。堀江さんは穏やかで優しい青年だ。葉っぱでつくる器の発明も、大らかに明かしてくれる。

先ずは葉を採取する。朴《ほお》、柿、木蓮など、大きめで厚めのものを選ぶ。新緑の葉も美しいが、色づいた落ち葉は味わいが深い。次に葉の形に合わせて器の型をつくる。木を削《けず》ってもいいし、石膏でつくってもいい。紙粘土でも構わない。

型に葉っぱを被せて包帯でグルグル巻きにする。2〜3日経ってから包帯を解くと、アラ不思議、葉っぱが器の形になっている。そのままでは元の平らな葉っぱに戻ってしまうので、形を固定する必要がある。形の固定には、乾湿の技法を使う。実際に漆を重ね塗りしてもいいが、漆に似たカシューという塗料でもいい。塗っては乾かし、また塗っては乾かしを数回繰り返すと、美しい艶《つや》の器に仕上がる。

葉っぱでつくったお皿

虫食いでイビツな形の柿の落ち葉でつくった皿は、色に絶妙なムラがあって、ため息が出るほどに美しかった。自然食レストランのシェフに見せたら「欲しい！」と叫んでいた。本物の漆に絵付けして人を感動させるのは達人のみがなせる技だが、葉っぱでつくる器なら、達人ではなくても人を感動させることができる。月３万円ビジネスくらいには辿り着けそうだ。

自然の美しさを固定することは、僕も時々愉しんでいる。タンポポの綿毛に、ヘアースプレーやオレンジ色のラッカーを吹きつけると、生（？）の綿毛よりも格段に美しくなるし、長持ちする。著名なクリエイターのラリ・ヨシオさんに教えてもらったテクニックだ。アイディアは他にもタクサンある。宝の山ならぬ月3万円ビジネスの山だ。

#60 モビール

モビールというのは、天井から吊り下げると緩やかに動くオブジェのことだ。電気の力で規則的に動くのではなく、室内の気流で不規則に動く。その緩やかな動きに誘い込まれて見惚《みほ》れてしまう。時折ドキッとするような美しい絵が現れるのだが、徐々に別な絵に変わってしまう。同じ絵の再現を待っていても二度と現れない。北欧でオーロラを眺めている時と同じだ。時間が止まってしまう。

ドキッとするのも、時間が止まるのも、出来が良いモビールに限られたことだ。出来が悪いと、見惚れないしドキッともしない。もちろん時間は止まらない。

出来が良いモビールを生み出すには特別な才能が必要なのだろう。それが何より証拠には、出来の良いモビールには滅多にお目にかかれない。例えばデンマークのフレンステッド。有名なモビール・アーティストだ。彼の作品は素晴らしい。構造はシンプルだが、見惚れるし、ドキッとする。時間も止まる。

狩野智美さんのモビール

インターネット通販のページを開くと、モビールのオンパレードだ。日本人の作品がタクサン並んでいる。猫や犬や鳥や魚をモチーフにしたものが、ほとんどだ。幼児の玩具というのが、日本におけるモビールの位置づけだからだろう。これでは時間は止まらない。

モビールアーティストは日本には存在しないのだろうか……と思って探してみたら、ひとりだけ見つけた。狩野智美さんだ。狩野さんのモビールは魅力的だ。見惚れているうちに、穏やかで優しい気持ちになる。ドキッともするし、時間も止まる。

フレンステッドの作品の素材はプラスチックか西洋紙だ。狩野さんの素材は自然の植物や日本紙やフェルトだ。例えば、紅葉した柿の葉の落ち葉や、色づいたホオズキを使う。落ち葉もホオズキも時間が経つと色が褪《あ》せたり、変形したりしてしまう。含水量も変わってしまう。

含水量が変わると重さも変わる。これはモビールとしては致命的だ。モビールは重さの微妙な釣り合いで成り立っているからだ。そこで狩野さんは、色も形も含水量も一定に保つ技を磨《みが》いた。色を変えないで乾燥させる技、乾湿の技法などなどだ。

自然の素材を使う理由は二つあると狩野さんは言う。ひとつは、自然の素材の圧倒的な美しさ。二つ目は、なぜか心が穏やかになること。自分がつくったモビールで、穏やかな情感に満ちた時間を過ごしてほしい。そして、自然の恵みで生きる感性を蘇らせてほしいと狩野さんは願っている。

狩野さんは、自分の作品をささやかに販売している。モビールづくりワークショップにも熱心に取り組んでいる。もっとモビールが広まって、もっと大勢の人が情感に満ちた生活を送ってほしいと願っているからだ。

狩野さんのワークショップに参加して技法を修得して、「月3万円モビールビジネス」を地元で展開するのはどうだろうか。自分の作品をイベントなどで3000円で販売するのでもいい。参加費5000円のワークショップを開催してもいい。オシャレなカフェやレストランやホテルに一式3万円で提供するのもいい。

生活をアートにしたり、優しい心になったり、自然の恵みで生きる感性を培ったり……そういうことを手伝って上げることを仕事にしたいと願う人は、狩野さんのワークショップに参加することをお勧めする。

#61 ドライフラワー

写真を見ていただきたい。黒きび、アワ、はと麦などの雑穀や小麦のドライフラワーだ。部屋や玄関に吊り下げておくと、いい雰囲気になる。雑穀でなくてもいい。例えばホオズキのドライフラワー。5個くらいの赤橙《あかだいだい》色のホオズキが付いた枝3本ほどを竹籠に投げ入れる。いい空間になる。

プリザーブドフラワーというものもあるが、ドライフラワーとは似て非なるものだ。花や葉をアルコールで脱水・脱色した後で、人工的に着色し、保存する。不自然だし、美しくない。

雑穀のドライフラワー

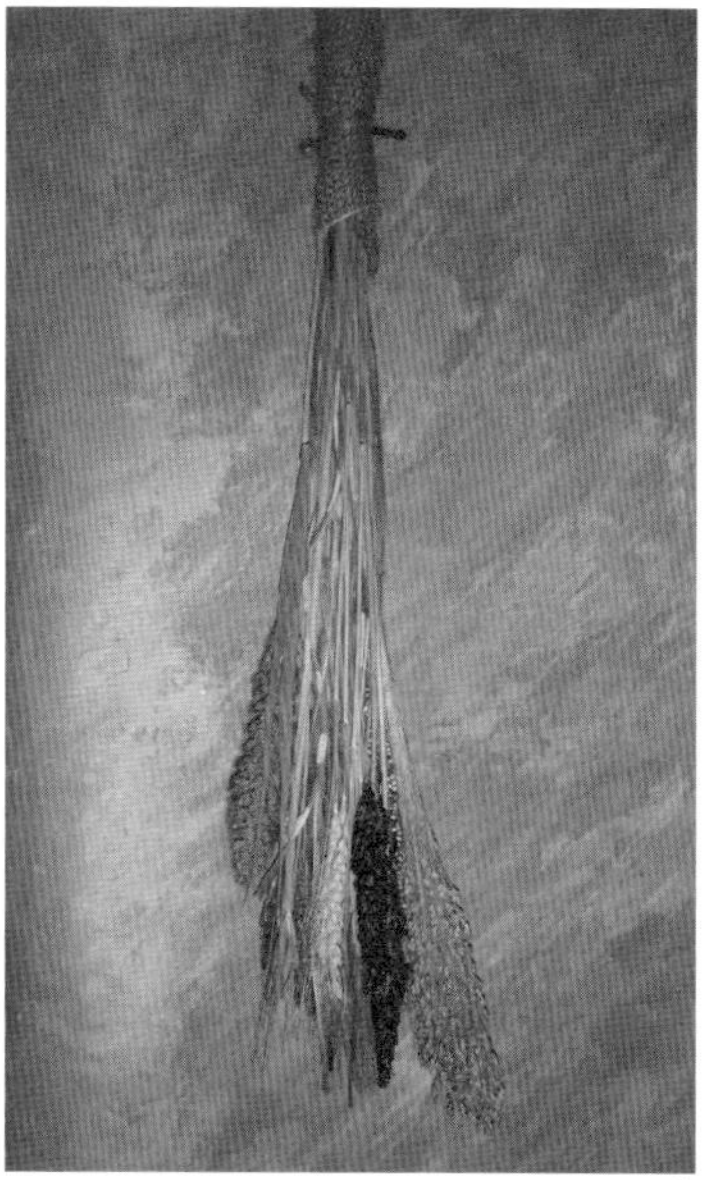

ドライフラワーは人工的な着色はしないので、花や葉の本来の色を愉しめる。微妙な色模様も、そのまま残される。紅葉した葉は鮮やかに美しいし、落葉して虫が喰った葉は深みのある美しさだ。但し、プリザーブドフラワーに比べると〝保ち〟が悪い。長保ちさせるテクニックは有るが、せいぜい半年の命と覚悟しておきたい。

ドライフラワーのつくり方は簡単だ。先ずは密閉ボックスを用意する。金属板を内貼りした茶箱は、外からの湿気を遮断してくれるので理想的だが、プラスチック製の収納ケースでもいい。但し、箱と蓋の間にスポンジ製の隙間テープを貼るなどして、完全に密閉された状態にする。

花や葉や茎をドライにするには、除湿剤を使う。ビーズ状のシリカゲルか、粉粒状の塩化カルシウムを使う。どちらもホームセンターで入手できる。シリカゲルは葉や花の隙間にビッシリ詰める。自重の30〜60%くらいの湿気しか吸わないので、吸った後もベタベタにはならない。塩化カルシウムは自重の6倍の湿気を吸うので、吸った後はドロドロの液状になる。塩化カルシウムを容器に入れ、花や葉を容器内の離れた所に置く。小さな電動ファンで容器内の空気を撹乱するようにすれば、花や葉は急速（2日以内）にドライになる。

花や葉の種類によっては、茎や枝から離れないように透明な接着剤で留めたり、クリアーラッカーをスプレーしたりする。色褪せしないようにするテクニックもある。

「ドライフラワーづくり」という月3万円ビジネスを実施している人は多い。タンポポの綿毛や薊《あざみ》などの山野草、小麦やアワなどの穀物や雑穀、ホオズキやカラスウリなどの実、山繭《やままゆ》などの虫の巣、柿や楓《かえで》などの紅葉、枯れ葉……素材は無限に有る。これらをシーズンに集めてドライフラワーにする。ドライフラワーをアートにアレンジしてイベントで販売する。

カフェやレストランに見本をディスプレーさせてもらい、販売を委託する方法もある。

注文だけを受け付けてもらい、ドライフラワーは直接届ける。カフェやレストランにとっては、部屋が美しくなる上に、販売手数料が入るから嬉しい。
ドライフラワーづくりのワークショップも面白い。みんなで一緒に植物採集にでかけ、一緒にドライフラワーづくりに励む。喜ばれて評判がいい。

#62 窓際にガラス瓶

写真を見ていただきたい。僕の家の南側の窓だ。色トリドリのガラス瓶を並べてある。ガラス瓶の中には水が充填《じゅうてん》されている。冬に陽光が差し込むと、瓶の中の水が温かくなる。夜には、ロールスクリーンを窓ガラスとガラス瓶の間に降ろす。水に蓄えられた熱が室内に伝達されて、暖房効果があるというわけだ。

暖房代がいくら節約できるのかというと、実は微々たるものだ。だから身体は温まらない。しかし、昼間の太陽の熱が……と思うと心が温まる。

このやり方は、30年ほど前にフランス人から学んだ。フランスの家庭では、みんな普通にやっている。僕が訪れた家の主婦は、祖母の代から続けているそうだ。フランス人ほど

窓際のガラス瓶

ガラス瓶を多く使い、大切にする国は少ない。美しいガラス瓶が手に入る度に、そうではないガラス瓶と入れ替える。そういう入れ替えを、3代にわたって続けてきただけのことはあって、感動するほどの美しい風景だった。「この瓶は祖母の瓶で、これは母のよ」と説明してくれた主婦は、嬉しそうで誇らしげだった。僕の家では、入れ替えを30年しかやっていないので、大して美しくない。孫の代に期待したい。

昼間、瓶を通り抜けた太陽光が、出窓の床に光の模様を映し出す。瓶の色が様々だから、模様の色も様々だ。本当に美しい。「生活はアート」とフランス人がよく口にするのは、こういうことかと実感する。

窓際に並べるガラス瓶をセットで販売する月3万円ビジネスはどうだろうか。普段からガラス瓶の廃品を収集しておく。もちろん美しい瓶だけだ。その気になれば膨大な数のガラス瓶を集めることができる。

集めたガラス瓶の中から選んで組み合わせる。ガラス瓶自体の美しさや調和も考えるし、通過した光の模様の美しさも考える。それをイベントやマルシェなどで販売する。オシャレなカフェやレストランに売り込んでもいい。月3万円の売上は難しくはない。但し、フランス人に負けないくらいのセンスが必要だ。

健康をオシャレに愉しむ

病気になってから治療するよりは、病気にならないように予防に励む方がいい……と、誰でもわかっているのだが、励む人は少ない。ツマラナイからだ。オシャレに愉しめる……となれば、話は違う。だから、健康をオシャレに愉しめるように演出する。テーマはタクサンある。月3万円ビジネスとの相性もよい。

#63 油を搾る

煎《い》り立て・搾り立てのゴマ油を、女性10人に舐《な》めてもらった。すると、半数の女性が目を潤ませた。「何で泣いているの?」と訊くと、「わたし、幸せです!」と声を震わせていた。大袈裟に聞こえるかもしれないが、本当の話だ。

煎り立て・搾り立てのゴマ油の香りはハンパでない。陶然となって溜息が出る。油を舐めると、ギトギトしているのが普通だが、煎り立て・搾り立ての油はギトギトしていない。身体が喜ぶものがスーッと染みこんでくるような気分になる。

目を潤ませた5人の女性に訊いてみると、普段はスーパーから購入した普通の植物油を使っているそうだ。普通の植物油というのは、大豆や菜種を搾るのではなくて、ヘキサンなどの抽出剤で油を抽出する。少なからず酸化もしているし、添加物も加わっている。但し1リットル当たり500~600円と安い。安いからタクサン使う。日本人は1人・1日当たり37gもの植物油を消費しているそうだ(二〇一〇年。農林水産省による)。年間にすると14kg。大量だ。

しからば、いい油を少し使う……というのはどうだろう。例えば、同じ菜種油でも抽出剤を使わずに圧搾したもので無添加のものを購入する。価格は普通の菜種油の2倍くらい

非電化搾油機（オランダ PITEBA 製）

だ。使う量を普段の半分に減らす（半分に減らしても、五十年前の約1.5倍だ）。すると出費は変わらないが美味しい上に健康に良い。
因みに、植物油の過剰摂取は肝臓・胆のう・十二指腸の疲労を増すことが知られている。首のこり・頭痛・眼精疲労・股関節違和感などの症状に身におぼえの有る方は、植物油半減を試してみていただきたい。
自前の搾油機を使えば、煎り立て・搾り立てを実現できる。ゴマや菜種は煎ってから搾る。大豆やトウモロコシは煎らないで搾る。搾油機は、家庭用の小型機を購入してもいいが、器用な人ならジャッキを利用して自分で作ることもできる。オリーブのように、搾油機を使わないで油を作れるものだってある。
そこで、「油を搾る」という月3万円ビジ

ネスはどうだろうか。搾油機を1台手に入れて油を搾る。油の種類はゴマ油や菜種油、大豆油、ひまわり油くらいでいい。油の種類としては平凡だが、「無農薬で搾り立て」ということのみを特徴とする。せっかく搾り立てなのだから、大瓶に入れて売るようなことはしない。小さくて可愛い瓶に入れて、おしゃれなラベルを貼る。これをマルシェなどで販売する。月3万円くらいは売れる。

煎り立て・搾り立ての油を、量り売りでレストランに届けて上げるという月3万円ビジネスも面白い。煎り立て・搾り立ての油と酸化していないビネガーを混ぜたドレッシングは溜息が出るほどに美味しい。フランスやイタリアの超一流ホテルやレストランの野菜サラダはこの方式だ。客の前で油とビネガーを混ぜ、野菜にまぶす。お好みに応じて粒ペッパーを挽《ひ》いてかける。固形チーズを削ってかける。つまり、すべてが酸化していない。野菜サラダが美味しいはずだ。

#64 亜麻ビジネス

亜麻仁《あまに》油が健康食品として注目されている。亜麻を育てて、その種を搾れば亜麻仁油が

亜麻の花

できる。白ゴマ油と似ているが、α－リノレン酸はゴマの150倍。健康食品として注目されている理由だ。

インターネット上の「クックパッド」には、200万もの料理レシピが公開されているが、亜麻仁油を使った料理レシピも200以上公開されている。肌に塗ることによってアトピー性皮膚炎や肌荒れに改善効果が顕著とも言われている。

亜麻の栽培は難しくはない。どちらかと言うと寒冷地向きの植物だが、関東以北なら育つ。四月下旬から五月上旬くらいに種を蒔くと、2ヶ月後には開花。薄紫色の美しい花で一面が覆われる。種蒔きから4ヶ月後には採種できる。害虫はつきにくいので、無農薬栽培も容易だ。

寺岡理絵さん（大阪府大阪市）の月3万円ビジネスは「亜麻ビジネス」だ。連続ワークショップは亜麻を育てるところから出発する。せっかく亜麻を育てるのだから、油を搾るだけではモッタイナイ。茎から繊維を取り出して糸を紡ぎ、機《はた》織り機で布にして、ワンピースをつくる。出来上がったワンピースは、麻よりも柔らかく強靭《きょうじん》だ。吸湿性も良い。度重なる洗濯にも耐える。だから亜麻は麻よりも高級な繊維として知られている。

連続ワークショップでは油も搾る。搾った油を使って料理もする。種蒔きからスタートして、服と料理に辿り着くところが、なんとも面白い。こんなことができるのは、亜麻と綿くらいしか考えられない。亜麻は寒冷地向きだが、綿は温暖地向きだ。

森利依子さん（奈良県奈良市）の月3万円ビジネスは、綿の栽培から縫製までの連続ワークショップだ。「綿花フェ」という名前のカフェも運営している。綿を栽培し、綿花を採取し、糸を紡ぎ、染色する。機織り機で織って、縫製する。昔流行った麻雀用語で言うと「一気通貫」だ。

「そんな面倒くさい連続ワークショップには誰も参加しない！」と思うかもしれないが、そうでもない。参加者はタクサンいるし、ゴールに辿り着いた時の感動はハンパではない。「地球と生きる」という自信が生まれる。

薬草酒と聞くと「養命酒のことか」と思うかもしれない。さほどに日本では養命酒の知名度は高い。世界的にはベネディクティンという薬草酒の知名度の方が高い。養命酒もベネディクティンも、どちらかというと虚弱体質の人向けの強壮薬だ。万人向けという点では、大企業が得意とする分野と言えよう。

万人向けではなくて「あなただけ向け」は、大企業は苦手だ。中小企業だって苦手だ。月3万円ビジネスには向いている。どうすれば「あなただけ向け」になるかと言うと、体質や病状ごとの薬草酒にすればいい。

例えば高血圧には松葉酒。焼酎1.8リットルに赤松の葉を200g、蜂蜜と氷砂糖を75gほど混ぜる。3ヶ月もすれば飲用できる。例えば風邪にはキンカン酒、胃のもたれ・胸やけにはダイダイ酒。冷え性・貧血にはサフラン酒、不眠症にはクコ酒……という具合だ。

これらの材料は簡単に手に入る。作り方も簡単だ。だから、いま直ぐにでも始められる。その割に効能は優れている。入門篇と言ったところだ。

杜仲《とちゅう》茶がブームになったことがある。杜仲という木の葉を煎じたものだ。同じ杜仲の樹皮から作った薬草酒が杜仲酒。腰痛、足腰の倦怠《けんたい》感解消、頻尿《ひんにょう》、肝機能・腎機能の強化、高血圧に効果があるとされる。この辺りからは中級篇。材料の入手が少しだけ難しくなる。作り方にもコツが要る。その先には上級篇もある。

手作り薬草酒

中級篇や上級篇に進むのは将来の話として、入門篇に留める方が月３万円ビジネス向きだ。いきなり中・上級を目指すと挫折する。先ずは入手しやすい材料で簡単につくる。但し、思い切り美味しくする。例えば、ニンニク酒。1.8リットルのホワイトリカーにニンニク400g、氷砂糖200gを入れて、５ヶ月もすれば飲用できる。疲労回復や冷え性に効く。簡単だ。滋養・強壮に効く。但しマズイ。

そこでショウガ60gとレモン３個と蜂蜜200gを追加する。レモンは２ヶ月後には引き上げる。５ヶ月後には美味しく飲用できる。この程度の知識は、ちょっと調べれば直ぐに修得できる。あとは試行錯誤を繰り返せばいい。

一升瓶《いっしょうびん》に入れて保存し、毎日20ccほど飲む……では困る。田舎のジイサンみたいだ。100～200ccの美しい小瓶に入れて、オシャレなラベルを貼る。〝風邪のひき始め〟のような〝効能〟を書いておく。10種類くらいの薬草酒を思い切り美しいラックに並べる。このラックを壁にかけると、平凡な壁がオシャレな壁に一変する。ここまでオシャレにすれば、ビジネスの展開はまるで変わってくる。

こういうオシャレな薬草酒をヒッソリ販売する月3万円ビジネスもいい。ヒッソリ……と言うのは、オオッピラにやると酒税法や薬事法の絡みでうるさいからだ。ワークショップをオオッピラにやる月3万円ビジネスはもっといい。薬草やガラス瓶などの材料は提供する。ヤミツキになった人には、継続的に材料を提供して上げる。中級篇にステップアップしてもいい。このビジネスには発展性がある。

#66 薬草安眠枕

日本人の5人に1人は不眠症……大袈裟に聞こえるかもしれないが、ちゃんとしたデータだ（二〇一二年。国立保健医療科学院）。不眠の人は糖尿病や抑うつなどの病気にかかる率が高いこと、死亡率も高いことが統計的に示されていると聞くと、たかが不眠……と見過ごすわけにはいかない。

睡眠に不満を持っている人は71.1％（ワコールによる調査）だそうだから、不眠症とまでは行かなくても、心地よく睡眠している人は意外に少ない。だから、快眠グッズが次々に売り出されて巨大な市場になっている。次々に売り出されるということは、それまでの快眠グッズの効果が小さい証拠だ。

松本功さん（栃木県宇都宮市）の月３万円ビジネスは薬草安眠枕だ。気持ちが落ち着いて安眠しやすい薬草を詰めた枕を販売する。

安眠効果があるとされている薬草の代表はヨモギだ。根拠のほどは定かではないが、中国では２０００年も前からヨモギの安眠効果が知られていたそうだ。

ラベンダーやカモミールが、緊張や怒りなどの感情を和らげて、リラックスを促す効果があることはよく知られている。バレリアンやホップは鎮静効果があり、睡眠を促す薬草として知られている。樹木のシダーウッドも不安や緊張を解きほぐす効果があることが知られている。

これらの薬草や樹木を詰めた枕を販売する。大手企業の仕事ではなくて、月３万円ビジネスだから、量産販売などはしない。匂いの好みや不眠状況などをよく訊いて、その人向きの薬草をブレンドして上げる。枕の高さや柔らかさもお好みに合わせる。つまり、薬草安眠枕のオーダーメイドだ。

薬草枕（枕上は中身の薬草）

枕の袋やカバーも手作りだ。デザインも形もシンプルでいいが、心を込めた刺繍がさりげなく……なんていうのがいい。中身の薬草を入れ替えやすいように作る。中身全部が薬草である必要は無い。ポリエステル綿、そば殻、ストロー、ヒノキチップなどの素材を、好みに合わせて選ぶ。小袋に入れた薬草を封入すれば安眠枕が出来上がる。

周囲の人に睡眠の満足度を尋ねてみる。前記の調査が正しければ、10人中7人は「不満足」と答えるはずだ。不満足な人に、手作り枕を貸して上げる。効果の程を聞き、硬さや高さの好みを訊いて、オーダーメイド枕を作って上げる。

大企業の仕事ではないのだから、売りっ放しはしない。時おり訪ねて、薬草を入れ替えてあげたり、高さを調整して上げる。もちろん有料で。安らかな睡眠と薬草が主題の会話を重ねる。温もりのある人間関係が築けそうだ。

#67 薬草ワークショップ

〝薬草ビジネス〟は奥行きが深い。薬草酒や薬草安眠枕のような簡単な所から入って、徐々に知識・経験を深め、薬草自家栽培のレパートリーを広げて行く。中級篇、上級編のビジネスにステップアップできる。

中級篇というのは、例えば『薬草カフェ』。韓国ソウル市には薬草カフェがたくさんある。落ち着いた雰囲気の店ばかりだ。メニューには薬草茶が数十種類並んでいる。薬草の名前と効能も詳しく記載されている。味もよい。そして流行っている。日本の近未来像が見えるような気がする。ここまでくると月3万円ビジネスの領域は超える。

月3万円ビジネスに限れば、初級篇がいい。そこで、初級篇の薬草ビジネスをもうひとつ紹介する。福留晴子さん（神奈川県逗子市）の月3万円ビジネスは「薬草ワークショップ」だ。平凡だが参加者からは大変に喜ばれる。

まずは薬草を育てる。採取した薬草の葉や茎や根を乾燥させる。薬草の煎じ方を修得し

韓国の薬草カフェ

て、煎じて服用する。それだけのワークショップだ。ひと月おき、年に6回の連続ワークショップだ。6回の中で薬草の効能、育て方、乾燥方法、煎じ方、服用方法を実践的に学ぶ。多種の薬草を育てることは困難なので、他から入手した薬草も使う。

なんだか真面目過ぎてつまらなそうに感じるかもしれないが、評判は良い。医者任せにしないで、自分の健康を自分の努力で増進させることに喜びを感じる人は、意外に多いからだろう。それと、薬草を乾燥したり、薬研《やげん》で砕いたり、土瓶《どびん》で煎じたりするのは案外と愉しい。

普通だと、少しくらい具合が悪くても我慢する。だいぶ悪くなってから病院に行く。すると、やたらに検査されて、対症療法的な強い薬を渡される。症状は緩和されても、他の所が不調になったりする。いつも不定愁訴に見舞われている。薬を飲んでいないと落ち着かない。こういう半病人が圧倒的に多い。現代医療の負の側面だ。なんだか変だ……と誰もが感じ始めている。

薬草を自分で煎じて服用する。いつ服用するかと言うと、少し具合が悪い時だ。この段階ならば、自分の免疫力・自然治癒力を薬草で補ってあげれば元に戻る場合が多い。積極的な気持ちが自然治癒力を高める効果もある。

ワークショップに参加した人には、継続的に薬草を提供する。ステップアップしたい人には中級コースや上級コースを用意して上げる。もちろん、自分のステップアップを先行する。いいビジネスになると思う。

#68 調味料の量り売り

ドイツでは調味料や食料品の量り売りは常識だ。包装容器にパックされた食料品は少ない。ドイツのゴミ排出量は日本の4分の1……ということはよく知られているが、包装ゴミに限れば、排出量は日本の10分の1以下だ。

量り売りショップ Original Unverpackt

ドイツ人が大好きなハムやソーセージやチーズも量り売りが多い。ワインやビールや飲料水の量り売りもある。水の量り売りもあれば、お菓子の量り売り、小麦粉の量り売り、バターの量り売り、シャンプーや粉石鹼も量り売りだ。

包装容器にパックされたものもあるが、少数派だ。「量り売りのものは新鮮」というイメージが浸透したからだ。パックしたものは一切無いというスーパーマーケットもある。例えばベルリンの Original Unverpackt。店名そのものが包装しないことを売りにしている。

量り売りはドイツだけではない。ベルギーにもオーストラリアにも、アメリカにも、量り売りの店は増え始めている。実は日本にも量り売りの店はある。例えば徳島県上勝町の「上勝百貨店」。米・パスタ・醤油・ひじき……すべての食料品の量り売りを目指している。ファンが増えて県外から買い物客が訪れる。因みに、上勝町は二〇二〇年までにゴミをゼロにすることを決意し、「ゼロ・ウェイスト」を宣言した町として知られている。

量り売りは、包装容器を無くすことだけが目的ではない。不必要な買物を少なくするという効果もある。大瓶入りを買えば割安……と思いがちだが、余らせて捨てる分を考えると、結局は割高になることが多い。

大瓶入りは長期間使うことになり、腐敗を招きやすいので、合成保存料入りのものがほとんどだ。量り売りのものは短期間しか使わないので、合成保存料の必要性は無い。つまり、量り売りは健康・安全の面でのメリットも大きい。

量り売りは〝地産地消〟に繋がる。パックしていない商品や、合成保存料が入っていない商品を遠方から仕入れるのは困難だからだ。作り手の顔が見える地産地消は、買う側にとっても安心だ。

感性を磨く

50年も続いた高度経済成長の代償は大きい。〝失われた感性〟も代償のひとつだ。美しいものに感動する感性、人の痛みを感じる感性……失われた感性の種類は多い。インターネットの発達が感性を鈍くすることに拍車をかけているようだ。

感性を取り戻したいと願う人は少なからず存在する。呼びかけて、お手伝いをして上げる。息の長い、質の高い月3万円ビジネスになる。

#69 五感を磨く学校

感性を高めて五感で味わう自然……幸せの中でも最高級と思うのだが、どうだろうか。問題は、感性が鈍くなっていること。感性が鈍くなったのは、高度経済成長の代償と言ってもよさそうだ。競争と欲望が強すぎた。競争と欲望は感性を鈍くする。

自分の感性が鈍くなっている……と自覚している人は少ないようだ。だから、「あなた、感性が鈍いでしょう！　わたしが鍛えてあげるわよ！」と言ったら叱《しか》られる。しかし、ガサツな生活ではなくて情感に満ちた生活を送りたい……と心のどこかで願っている人は少なからず存在する。

そこで、情感に満ちた体験に誘って上げる。温もりのある人間関係の中で、情感に満ちた時間を共有しながら、徐々に感性を磨いて行く。文化を共有する仲間が増える。いいビジネスになりそうだ。「自然を五感で味わうワークショップ」のような、アリキタリの表現では、人は来ない。「五感を磨く学校」とストレートに表現した方がいい。

実際にやることは、ワークショップだ。参加者が集合したら、まずやることは参加者の緊張感を取り除くことだ。僕がよくやるのは、スネークダンス。先住民族である北米インディアンの儀式だ。リーダーとサブリーダーを決める。みんなで手を繋いで輪になる。サブリーダーの左手はリーダーの右手と繋がれている。輪のままでゆっくりと右回りに回る。3〜4周したら、リーダーとサブリーダーは手を離す。そして歩きながら、サブリーダーが巻き込まれるように徐々に輪を縮めて行く。最終的には蛇がトグロを巻いたように、ギュウギュウヅメになる。サブリーダーが悲鳴を上げたら、今度は逆回りに歩いて、トグロをほどき、元の輪に戻っておしまい。

たわいない遊戯だが、初対面の人同士が10年来の友人のような気分になるから不思議だ。他のやり方でもいいのだが、緊張感を取り除くことは必須だ。胸と胸を開いて、心と心を通じ合う……そういう雰囲気が大切だと思う。

いい季節に里山に入る。新緑のころは最高だ。車で到着したらいきなりトレーニング……というような、感性を鈍らすやり方ではなく、時間をかけて、ゆっくりと歩いて到着する。身体がストレスに満ちていては、あるいは心肺機能が不活発では、感性もヘッタクレもないからだ。歩く経路も、日常生活からアナザーワールドに素直に移れる経路を選びたい。歩くだけで足りなければ、ストレッチや太極拳で補ってもいい。

そしてトレーニング開始。まずは聴覚。楽な姿勢で座って目を瞑《つむ》る。動物の声や木々のざわめき、小川のせせらぎ……耳を澄まして自然の音を聴く。たっぷりと時間をかけることが大切だ。焦らないことも大事だ。「次はアノ声を聴き取ってごらん」などとリードするのはまずい。「誰が一番多くの鳥の声を聴き取ったかな？」などと競争を煽《あお》るのは最悪。

心を穏やかにして耳を澄ませば、いろんな音が耳に入ってくるようになる。そういう経験を繰り返すだけでいい。何の声が、どういう風に聴こえて、どういう気持ちになったか……ということを、人に語るということも繰り返す。感じるだけに留めずに、言葉にしてみる。そうすると記憶に残る。ジマンゲにではなくてノドカに語ることが大切だ。

視覚のトレーニングが実は一番難しい。目がいい人はタクサン見え過ぎて、カンジンなものが見えない。目が悪い人は何も見えない。そうではなくて、目がいい人も悪い人も、カンジンなもの、つまり心に響くものが浮き彫りになって見えてくる。感性を磨くというのはそういうことだ。視力0.5を1.0にすることではない。トレーニングの方法としては、例えばカメラで草花を写し撮る。最初はいろんなアングルでタクサン撮る。優れたセンスのリーダーが1人につき1枚だけを選んで絶妙にトリミングしてA4サイズ以上にプリントアウトする。撮った本人が驚くはずだ。写した時の情感を30〜40字で表現して発表してもらう。こんなことを繰り返すだけでいい。

触覚・嗅覚・味覚についてのトレーニング方法は、聴覚・視覚を参考にして考えていただきたい。感性を磨くということの意味を正しく理解していれば、トレーニング方法はいろいろ思いつくはずだ。

ステキな売り場をタダで使う

「固定費をかけない」というのが月3万円ビジネスのオヤクソクのひとつだ。固定費の主たるものは家賃・設備リース代と人件費だ。だから、ステキな売り場をタダで使えれば、少しの売上で大きな実収入が得られる。

#70 有機野菜のガレージセール

タダの場所で、原価がタダのものを自分で売れば、売上のほとんどが実収入になる。例えば2日間かけて、1000円の商品を30個売れば、月3万円ビジネスになる。2日間だけだから、場所代がタダになる。

タダなら何処でもいい……というわけではない。都会でトラクターは売れないし、田舎でシャネルは売れない。

上原伸治さん（神奈川県平塚市）の月3万円ビジネスは「有機野菜のガレージセール」だ。都会で有機野菜なら売れる。有機野菜を求める人が多く住む、あるいは多く通行する場所がいい。道端というわけにもいかないので、ガレージを借りる。お礼は売れ残りの有機野菜。月に2回くらいガレージを貸してくれる人を探すのは難しくない。

ガレージは意外と広い。車1台用なら4m×6m（7.2坪）、2台用なら6m×6m（10.8坪）もある。有機野菜の産直売り場としては、十分な広さだ。

例えば200軒くらいの中規模団地。都会あるいは衛星都市であれば、1回のセールに20人くらいの客は来てくれる。月2回で40人。1人当たり1000円くらいは購入してくれる。野菜の原価や交通費を1万円とすれば、実収入は月3万円だ。

有機野菜を自分で栽培してもいいし、郊外で栽培している友人から仕入れてもいい。遠いところから仕入れるのは好ましくない。余分の交通費やエネルギーがかかるし、栽培者の顔も見えにくくなる。「農薬と化学肥料を使わない」というだけの有機野菜では、寂しい。栽培者と購買者の人間関係も有機的でありたい。

ステキな売り場をタダで使うのが、この月3万円ビジネスのポイントだ。月に2回だけだからタダで借りられる。もちろん自宅のガレージでも構わない。場所代や物流費やナンヤカンヤをかけていたのでは成り立たない。

有機野菜だから、ガレージに段ボール箱を並べて売れば……というようなセンスでは困る。また来ずにはいられない、あるいは友人を連れて来ずにはいられないほどにステキにする。もちろん金をかけない。金をかけてステキにすると、ガレージとそぐわなくなる。有機野菜の産直ともチグハグになる。

どうすれば、金をかけないで、ガレージとも有機野菜ともピッタリくるようにステキにできるか。又来ずにはいられない愉しさをプレゼントできるか。それを考えていただきたい。ガレージ前の道路に余裕があるなら、手作りのイタリア風のオーニング（テント風の庇）をワンタッチで取り付ける。あるいは、手作りのインドネシア風の小さな椅子を置く……などなど、思い切り工夫してみていただきたい。

#71 やどかりカフェ

店を都会で開けば、客は来る。しかし家賃や光熱費、備品代などなど、支出は膨大だ。支出の多くは固定費だ。つまり、売上や営業時間の長さに無関係に出てゆく。だから、都会では営業時間を長くする。週7日営業は普通だ。24時間営業の店だってある。

ところが、営業時間を長くすると、従業員の給料の総額は大きくなる。かくして、従業員の給料を捻出するためにアクセク働くことになる。よくある話だ。

都会のすべての店が年中無休あるいは24時間営業というわけではない。週休1日の店は意外に多い。週休2日の店だって、よく探せば存在する。18時までしか営業しない店もタクサンある。不思議なことに、営業時間が短い店の方がステキ度は高い。

週休1~2日のステキな店と交渉して、休みの日に店をタダで貸してもらう。あるいは、18時まで営業の店を、夜だけタダで貸してもらって営業する。そうすれば、固定費はゼロに近づく。

「自分の店をタダで貸すお人好しが何処にいるか!」と思うかもしれないが、意外にいる。もちろん、店のオーナーとの人間関係ができていることが前提だ。休みの日に店を貸すことが、店のオーナーにとってメリットがあると感じることも前提だ。人間関係ができていて、メリットがあれば、店をタダで貸してくれる。

人間関係の第一は信用。信用というのは、店を貸しても厄介なことは起こさない人と信じてもらうことだ。人間関係の第二はシンパシー、つまり、休みの日にやる内容に共感して応援したくなることだ。

例えば、18時まで営業のカフェをタダで借りて、週1日の夜だけ、カフェバーを開く。タダのカフェバーではない。女性だけが集まって、共通のテーマについて語り合う。美味しい料理を持ち寄り、美味しいお酒を頂きながら、愉しく語り合う。共通テーマは「女性の自立」。週ごとのサブテーマは、「子育て」、「月3万円ビジネス」、「共同プロジェクト」、「女子力」などなど。「女性の自立」というテーマにシンパシーを感じてくれるカフェなら、店をタダで貸してくれる可能性は高い。集まった女性たちは、カフェの居心地のよさを知り、カフェのオーナーの人柄のよさも知ることになる。昼間のカフェのお客が増えそうだ。

飲食を有料で提供するならば保健所の許可が要るので、飲食店を借りることになる。飲食を提供しなければ、どんな店だっていい。「持ち寄り」あるいは「共同自炊」ならば、保健所の許可は要らない。「持ち寄り」の会場代、「共同自炊」の材料費をもらうことは差し支えない。タダでコーヒーをサービスすることも問題無い。

例えば、オシャレな雑貨店を借りて「映画カフェ」、ステキなカフェを借りて「読書会」、朝は営業しないカフェを借りて「朝粥《あさがゆ》カフェ」などなど、面白いことをタクサン考えていただきたい。

心を啓《ひら》く

サクセスの呪縛、消費の呪縛、金の呪縛、妻の呪縛、家の呪縛……なんだか呪縛だらけでガンジガラメだ。呪縛から解き放たれて、自由に、クリエイティブになれたら、どんなに晴れやかだろう。ただ、呪縛の解き方がわからない。少し手伝って上げると喜ばれそうだ。

#72 ビジョン・クエスト

ビジョン・クエストというのは、先住民族である北米インディアンの成人儀礼だ。食料も武器も持たずに山奥に入り、1週間も2週間も、飢えや恐怖と闘いながら瞑想する。やがて、グレート・スピリッツ（大いなる摂理）が導く声、つまり天の声が聴こえたら山から戻る。そして、天の声に従って生きる。

天の声というのは、幻覚症状の中で、内なる自分の声が聴こえただけのことだろうが、そう言ってしまうと身も蓋もない。やはり天の声と言っておきたい。

ビジョン・クエストのやり方は部族によって異なるが、基本は同じだ。自然の中で楽な姿勢で座る。目を瞑り、耳を澄ませて鳥の鳴き声や獣が吠える声を聴く。次に木々のざわめきや葉ずれの音、川のせせらぎの音を聴く。この辺りからは幻覚症状なのだろうが、草木の語る声、石や岩が語る声……と進む内に、やがて天の声が聴こえる……という具合だ。

先住民族にとっては、人間は一番下の存在で、人間の上が鳥や獣、その上が草や木、更に上が石や岩で、一番上が神（＝宇宙）と位置づける。だから、初めに鳥や獣の声に耳を澄ませ、次は木々のざわめきに……という順番は、神に近づいて行くプロセスでもある。幻覚症状に陥った時に清らかな神の声が聴こえるのは、このプロセスを踏むからだ。

僕たちは、どうやら征服民族型の文化の中で生きているようだ。征服民族は人間が一番上位で、その下が家畜、その下が蛇やミミズなどの下等動物、その下が植物……というように位置づける。人間の上に何も無いと不安だから神を創る。

僕もビジョン・クエストの真似事を弟子たちとやることがある。先住民族の文化を説明し、先住民族の気持ちになり切ってみよう……という話を丁寧にしてから、瞑想に入るようにしている。北米インディアンのビジョン・クエストは1~2週間だが、僕たちは1~2時間。真似事に過ぎないので、ほとんどの弟子に天の声は聴こえないのだが、心が穏やかになった、あるいは清らかになったと、例外無く喜ばれる。

因みに、同じ北米インディアンの一般儀式に〝スエットロッジ〟がある。こちらは、薬草の香気を含む蒸気で身を清め、心を浄化する。北米インディアンの儀式としては、スエットロッジの方がよく知られているし、現在の日本でも道場（?）が幾つか存在する。

「ビジョン・クエスト」という月3万円ビジネスはどうだろうか。早朝に2時間程度のビジョン・クエストを行い、ついでに座学を何時間か行う。座学の中身は、北米インディアンの文化や儀式のこと、現代の競争社会の中で清らかに、かつ逞しく生きる方法などなどだ。僕の弟子たちが「ビジョン・クエスト・セミナー」をたまに開催している。評判は上々のようだ。

丁寧な生活をプロデュースする

ガサガサしている内に1日が過ぎ、セカセカしている内に1年が過ぎる。そうではなくて、もっと丁寧な暮らしがしたい……と願う人は少なくない。だが、どうすれば丁寧な暮らしを実現できるのか、それがわからない。丁寧な暮らし方を忘れてしまったからだろう。思い出すお手伝いをして上げると喜ばれそうだ。

#73 二十四節気・七十二候

丁寧な暮らしを願う人に薦めたいのが「二十四節気《にじゅうしせっき》」あるいは「七十二候《しちじゅうにこう》」だ。ご存知の方は多いと思うが、二十四節気というのは、1年を24の節気に細かく分けて季節感を愉しむ。ひとつの節気は15日間前後になる。初めの節気は「立春」。二〇一五年の場合は二月四日～十八日までの15日間だ。2番目の節気は「雨水《うすい》」で、二月十九日～三月五日まで。24番目の節気は「大寒」で、二〇一六年の場合は一月二十一日～二月三日までの14日間……という具合だ。

24の節気を三つずつに分けたのが「七十二候」だ。ひとつの候は5日間前後となる。例えば、二十四節気の1番目の「立春」は、「立春・初候」「立春・次候」「立春・末候」という三つの候に分かれる。「立春・初候」は二〇一六年の場合は二月四日～八日の5日間。「東風解凍《はるかぜこおりをとく》」という漢文が、この候の特徴を表すのによく用いられる。確かに、この頃に東からの風が吹いてきて、池の氷が解け始める。「東風解凍」と言われると、東からの風や氷の解け具合を意識するようになり、春の訪れが近いことを実感できる。「寒いぞ、コンチクショウ！」と寒さを呪っているのとは、心の豊かさが違ってくる。

例えば二十四節気の2番目の「雨水」の末候は、三月一日～五日ごろで、「草木萌動《そうもくめばえいずる》」。

雨水・末候の夜噺（非電化工房）

草や木が芽吹き始め、ようやく目に見えて春の到来を知る頃だ。そうと知れば、散歩に出かけてみたくなる。野原には小さな花が可憐に咲いているし、木々の芽は健気《けなげ》に膨らみ始めているのが心地よく目に入ってくる。

七十二候では、旬の食べ物を頂いて、季節を愉しむ。例えば「雨水・末候」には「菜花《なばな》」と「蛤《はまぐり》」を頂く。葉が柔らかく緑が鮮やかな菜花は、春の訪れを告げる旬の緑黄色野菜。花開く前のつぼみには、ビタミンC・鉄分・カルシウムが豊富で、ほろ苦さが身体の免疫力を高め、気持ちを和らげてくれる。蛤の旬はもっと暖かくなってからだが、この時期の蛤は美味しい。酒蒸しや煮貝は絶品だ。

行事や室礼《しつらい》（飾りつけのこと）も七十二候には欠かせない。例えば雨水・末候の行事は雛祭り。春の息吹を頂くのが菱餅《ひしもち》。緑はヨモギ、ピンクは桃の花、白は雪。雪の下にはヨモギが芽を出し、雪の上に桃の花が咲くという春の景色を表現している。

「二十四節気・七十二候」は、僕の家でも時おり採り入れている。お陰で、ガサガサ・セカセカではなくて、丁寧な暮らしに近づいているような気がする。

「二十四節気・七十二候」という月3万円ビジネスはどうだろうか。連続ワークショップの形式にする。年に72回は大変なので、24回、つまり1節気に1回の割合で開催する。七十二候にちなんだ行事をおこなったり、室礼を飾りつけたり、旬の食べ物を伝統的な方法で料理していただいたりする。きっと喜ばれる月3万円ビジネスになる。丁寧なお付き合いの仲間も増えるに違いない。

僕の妻が文章を書き、アーティストの狩野智美さん（#60で紹介）がイラストを担当して「七十二候カレンダー」を作った。このカレンダーがあると、「二十四節気・七十二候ビジネス」を進めやすくなると思う。活用をお勧めする。

占いと言うとウサンクサイと思うかもしれない。確かにウサンクサイ占いが多い。占い師が自分の欲望を満たすために人をタブラカスからだ。自分のために自分で占うのは、ちっともウサンクサクない。占いの種類によっては、高い知性と言っても差し支えない。

占いの効用のひとつは、決断が生まれることだ。AかBか、どちらが大切かではなくて、早く決断して行動することが大切……ということが多い。ところが、見栄や未練や優柔不断が決断を鈍らせる。事態はますます悪くなる。よくあることだ。占いは、見栄も未練も優柔不断も断ち切ってくれる。逆に、早く決断することよりも、AかBかを選ぶことの方が大切な時には、占いには頼らない。

占いの別な効用は生活が丁寧になることだ。火に注意しろとか、異性に注意しろとか、占いは上手に導いてくれる。その通りに振る舞っていると、本当にトラブルに巻き込まれない。心も穏やかになるし、体調も良くなる。占いが当たったのではなくて、情緒が安定し、社会や自然と調和して振る舞ったからなのだけど。だから、優れた占いは、社会や自然との調和を重んじる。

占いの種類はタクサンある。僕のお薦めは易占いだ。言うまでもなく、中国の古典である「易経」に基づく占いだ。奥が深く、高い知性が要求される。自分で自分のためにする易占いは、いいことはタクサンあるが、悪いことは何も無いと僕は思う。

易経の何たるやの紹介は省く。易占いの方法の紹介も省く。テキストを読めばすべて書かれていることだ。早い人なら3日間、遅い人でも1ヶ月もあれば達者に易占いができるようになる。但し奥が深いので、一流の占い師になるには、10年や20年の研鑽《けんさん》が必要だと思う。

占い師を目指すのではなくて、「易占いワークショップ」という月3万円ビジネスをお薦めしたい。月に1度の連続ワークショップを開催する。立卦《りっか》（占うこと）の方法を学ぶところから出発して、定期的に自分を自分で占う。出てきた卦象《かしょう》（名前）、それをどう解釈したか、実際の生活にどう活かしたか、その結果はどうだったか……というようなことを、毎月のワークショップで発表し、話し合う。10年〜20年の研鑽は必要無い。一緒に学ぶのだから。

孤独でなくする

孤独な人が増えている。孤独なお年寄り、孤独な青年、孤独な子ども……、実はオジサンたちも孤独だ。そうではなくて、みんなで仲良く、愉しく生きてゆきたいと、みんなが願っている。だが、どうすれば仲良く生きてゆけるか、それがわからない。少しお手伝いをして上げた方がよさそうだ。

#75 Table for Many

ＴＦＴ（Table for Two）というＮＰＯ法人がある。企業の社員食堂にカロリーを抑えたヘルシーメニューを加えてもらい、その代金の内の20円が途上国の子どもたちの給食１食分として寄付される。だからその名もTable for Two。過体重人口10億人に対し、飢餓人口は10億人。バランスもよい。

男性の30.3％女性の21.5％が過体重つまり肥満（二〇一一年、厚労省）なのだそうだ。都会に住む独身外食者の肥満度は更に高い。食生活が偏っているからだと言われている。コンビニ弁当や吉野家の牛丼、ラーメン＆餃子、マクドナルド……。たまにならいいが、毎日がこれでは、肥満どころか、身体が壊れそうだ。

杉井知恵さん（神奈川県川崎市）の月３万円ビジネスは「Table for Many」。都会に住む独身外食者のための料理教室だ。味噌玉、五穀おかゆ、三五八《さごはち》漬《づけ》、豚味噌漬け、オカラの炒《い》り煮、温野菜ゆず味噌……などなど。自宅で簡単にできるし、つくりだめできるメニューばかりだ。それでいて都会独身外食者に不足しがちな栄養をしっかり補えるように考えられている。

料理教室で一回習ったら、後は自宅で……と言っても、実は誰もやらない。やらない理由は、料理法を知らないからではなくて、料理をしない癖が付いているからだ。だから、料理を習うのは口実のようなもので、実はみんなで一緒に作って、みんなで愉しく食べるのが目的だ。愉しく食べるのが嬉しいから通ってくる内に、料理する癖が付く。不健康な外食には行かなくなる。

都会独身者は、確かに栄養も足りないのだが、もっと足りないのは愛情だ……と、杉井さんは知っている。愛情に満ちた家族や、親しい友人との会食は、ひとりで食べる四つ星レストランのディナーに勝る。だから、なるべく多くの人に、なるべく何回も通ってもらう。友情が育って、今度は友人に会うのが主目的になる。作戦大成功だ。

#76 高齢者のパソコン教室

久々湊《くぐみなと》祐輝さん（北海道札幌市）の月3万円ビジネスは「高齢者のパソコン教室」だ。思い切り平凡なテーマだが、久々湊さんの優しさが平凡さを補っている。

料理が苦手、大工仕事が苦手、車の運転が苦手……高齢者にとって苦手なことはいくらでもあるが、大した問題ではない。ところが、パソコンや携帯電話が苦手となると、不思議なほどに卑屈になる。

　携帯電話やパソコンができなければ人間ではない……と言わんばかりの風潮が、この頃のこの国には確実にある。本当は大した問題ではないはずなのに、大した問題になってしまう。

　パソコン教室に通う高齢者は、実は多い。そして、ついて行けなくなって脱落する。ますます卑屈になる。変な話だ。

　久々湊さんはコンピューターのプログラミングを仕事にしている。こういう仕事をしている人には珍しく、人に優しい性格の持ち主だ。パソコン教室に通っても脱落する高齢者をタクサン見て、心を痛めてきた。

　そもそも、パソコンは高齢者用につくられたものではない。苦手なのは当たり前だ。それなのに、電子メールやワープロソフトを使いこなせるようにトレーニングする。まるで、水が嫌いで運動が苦手の人にバタフライで泳がせようとするようなものだ。

　久々湊さんのパソコン教室では、電子メールやワープロは教えない。難しい操作は不要のゲームで、ひたすら遊んでもらう。時間はほぼ無制限。高齢者は例外無くハマル。ハマって遊んでいるうちに、パソコンになじむ。水泳の例で言えば、水に慣れて、浮いたり沈んだりを愉しめるようになるようなものだ。

パソコンになじんだ後で電子メールやワープロをトレーニング……はしない。パソコンで遊んでおしまい。卒業しなくてもいい。いつ来て遊んでもいい。囲碁が好きな人が碁会所に来るようなものだ。何時間いても500円だけ頂く。お茶は飲み放題、お茶菓子だって用意してある。

実は、パソコンで遊ぶだけで、高齢者は満足だ。卑屈さも見事に消えてなくなる。そもそもワープロなんか覚えても使い途が無い。電子メールなんか習っても通信する相手がいない。パソコンで遊ぶなら、相手は幾らでもいる。久々湊さんの優しさに脱帽！

#77 シニアー・パン教室

西堀智子さん（大阪府大阪市）の月3万円ビジネスは、シニアー・パン教室だ。高齢の生徒に、月に1回だけレッスンをする。レッスン代は材料費込みで5000円。生徒たちは、この一日が待ち遠しくてたまらない。

パンを捏《こ》ねたり焼いたりする作業は愉しい。会話が弾むからだ。香ばしい匂いに包まれると、優しい気持ちになる。だから会話も優しくなる。焼き上がった時の達成感もハンパ

シニアー・パン教室

ではない。そして何よりも、焼きたてのパンは美味しい。

生徒は土産のパンをタクサン持って帰り、家族や友人にプレゼントする。家族や友人は、とても喜んでくれる。年寄りが焼いたものなんて……とは誰も思わない。焼きたてパンの魔術だ。高齢者の生徒にとって、家族や友人に喜ばれるということが、何よりも嬉しい。

この国では、年寄りは憐れまれるか蔑《さげす》まれる。そして放ったらかしにされる。最近の傾向だ。蔑まれるよりは憐れまれる方がマシかもしれないが、誇りは傷つけられる。一体、いつからこんな国になってしまったのだろうか。

西堀さんのシニアー・パン教室は素晴らしい。年寄りを憐れまない。もちろん蔑まない。パンを作るだけ。それで年寄りに愉しみが増え、誇りが戻る。

シニアー・パン教室は、パン工場のような設備は必要無い。パン捏ね機と、家庭用のガスオーブンさえあればできる。ホイロ（発酵槽）のような高価な設備は無くても、発酵させることは難しくない。パン作りが得意な方は、西堀さんを見習って、年寄りが誇りを取り戻すお手伝いをしてはどうだろうか。

#78 2人で月3万円ビジネス

「ゆいま〜る那須」というサービス付き高齢者向け住宅がある。豊かな緑の中に木造平屋の家が点在している。銘木の八溝杉《やみぞすぎ》でつくられたシックな建物だ。このハウスを訪れた人が一様に驚くことがある。入居者が若いことだ。60代が多い。週5日フルタイムの仕事に通う人もいる。

僕の非電化工房とは車で十分足らずの距離にあるので、付き合いは濃い。先日も入居者10名ほどが遊びに来られた。入居者の方が運転する車に分乗してだ。3時間ほど滞在して帰られたが、一般的な高齢者の入居者という印象は一切無かった。

沖縄には〝ゆいまーる〟と呼ばれる習慣が残っている。〝ゆい〟は結（協同）であり、〝まーる〟は回る（順番）を表す。つまり〝ゆいまーる〟とは相互扶助を順番に行っていくことを意味する。

〝ゆいまーる〟を見事に実践しているのが、「ゆいま～る那須」だ。比較的に若い内に入居する。野菜づくりやモノづくり、陶芸や合唱、地元の人々との交流、スポーツなどを協同施設で一緒に愉しむ。この協同施設と、独立した戸建ての個人住宅とのバランスがほどよい。だから、窮屈な協同ではなくて、ゆるやかな協同になる。

ゆるやかな協同で培われた〝結〟が回る。つまり老いが進んだ分だけ自然発生的に相互扶助が生まれる。扶助はお互いに心地よい範囲内で行われ、超えた分は付属のケアー施設や提携医療機関が受け持つ。

「年寄りだと思った時から老人になる」という言葉をよく耳にする。本当にその通りだと僕も思う。人に頼るしかない……という気持ちになると、誇りを失ってしまう。誇りを失った人の老いは早い。日本中が要介護者で溢れてしまう。そうではなくて、社会的な存在として、死ぬ直前まで元気に活動し続け、誇り高く生きる。必然的に要介護者は少ない。少ない数の要介護者だから厚くケアーできる。ゆいま～る那須が目指すところだ。

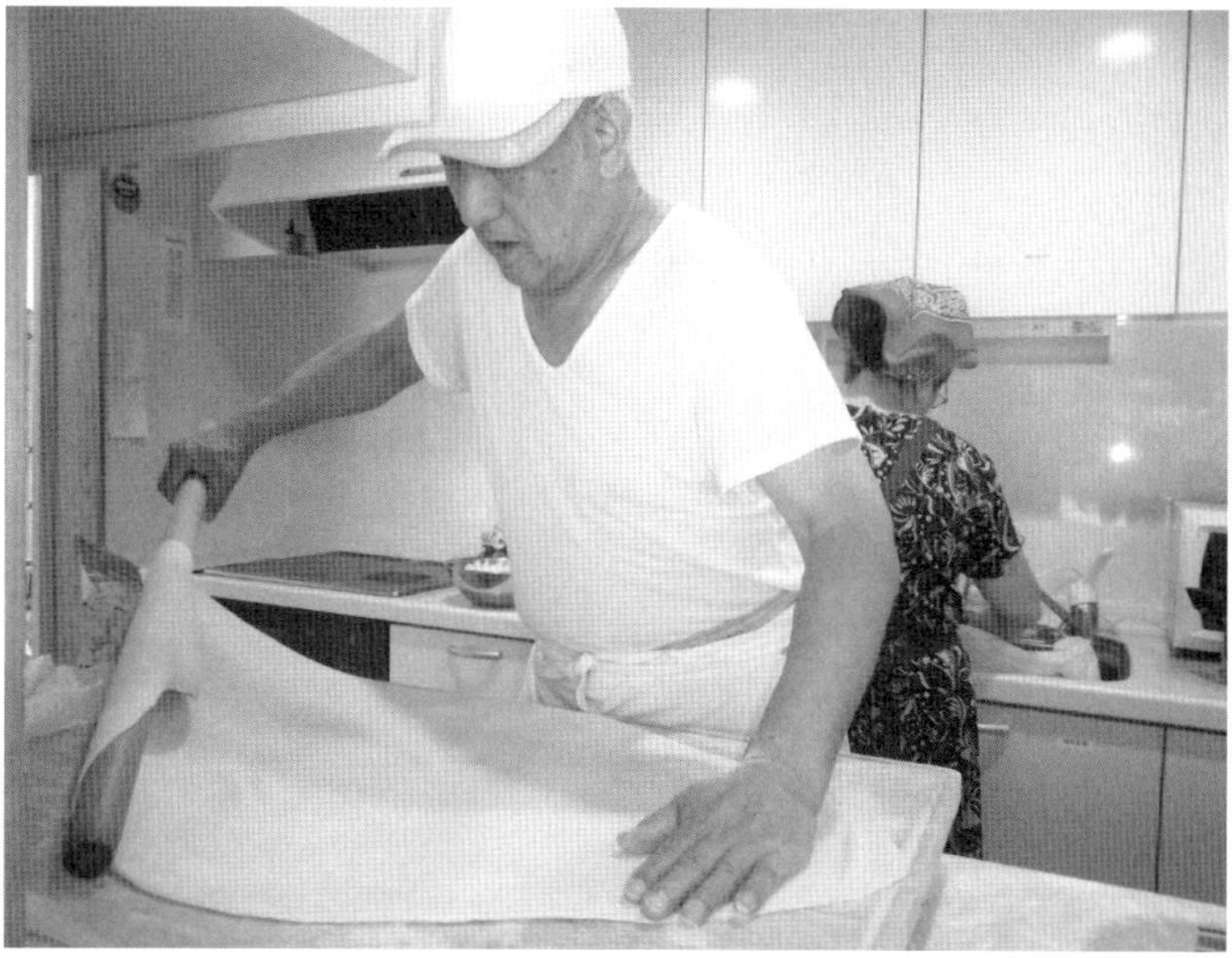

蕎麦を打つ小泉さん

ゆいま〜る那須は文化活動にも力を入れているが、もっと力を入れているのが仕事だ。入居者同士が力を合わせて、いいことで愉しく稼ぐ。収入の額よりは、社会性があること、愉しくできることの方を重んじる。仕事をすることによって社会的存在であることを自覚し、収入を得ることによって自分に頼もしさを感じる。つまり誇り高く生きてゆける。

ゆいま〜る那須は月3万円ビジネスを実行している。但し、平均年齢が高いので「1人で月3万円」ではなくて「2人で月3万円ビジネス」だ。

例えば入居者の小泉實さん。妻の浩子さんと入居している。小泉さんは週に2回だけ、ゆいま～る那須の食堂で、手打ち蕎麦、うどんを有料で提供している。入居者は喜んでいる。美味しいからだ。

小泉さんは、蕎麦処の群馬県で評判の蕎麦屋を長年営んできた。浩子さんが脳梗塞で倒れ、介護と蕎麦屋の両立も限界に達したところで、店を畳んでゆいま～る那須に入居した。つまりプロの小泉さんが、心を込めて蕎麦を打つ。美味しくないわけがない。現在、蕎麦、うどんの売上は月に3万円ほど。材料費や光熱費を差し引くと、月に1万5000円ほどだ。

蕎麦とくれば天ぷら。入居所の希望に応えて、天ぷらを担当する入居者が現れた。季節の素材を活かした天ぷら3点を150円で提供して喜ばれている。最近では冷凍卵や納豆の天ぷら……とレパートリーを広げて、お惣菜としても重宝されている。材料費や光熱費を差し引いた売上は月に1万1000円程度だ。

高齢者がいままでに培った経験や特技を活かし、自分の暮らしにあったペースで仕事ができる。それが喜ばれ、収入にもなって、生きがいが生まれる。高齢者の生き方の理想的なモデルがここにある。

#79 ゴールデン・フック

Golden Hookというフランスのニットブランドは有名だ。おばあちゃんを全国レベルで募集して帽子とマフラーを手で編んでもらう。その帽子とマフラーを、編んだおばあちゃんの写真とプロフィールを添えてウェブ上で販売する。外国から注文が来るほどの人気だ。おばあちゃんの人柄が好きになって購入する人もいれば、帽子やマフラーのデザインを気に入って注文する人もいる。人気アイドルおばあちゃんも生まれ始めている。購入した人は編んでくれたおばあちゃんに感謝のメッセージを送ることもできる。

中国で機械で編んだ物の方が、もしかするとデザインも品質も良くて安いのかもしれない。しかし、デザインと品質と価格のみが、人が物を購入する意味のすべてではない。作った人の人柄や、ニットに込めた思いが感じられれば、同じマフラーでも暖かさが違ってくる。大切にするようにもなる。つまり、作り手と買い手の心と心が通じ合う。

ゴールデン・フックの帽子やマフラーはデザインもスグレモノだ。おばあちゃんのデザインではなくて、一流のデザイナーの仕事だ。編み方も適切に指導している。

「年寄りを下請けでこき使っているのか」という非難はお門違いだ。それぞれのおばあちゃんの個性が現れるデザインになっている。おばあちゃんの取り分も十二分に多い。おばあちゃんたちは、心を込めて丁寧に編んでいる。作品を見れば直ぐにわかることだ。

ゴールデン・フックから学ぶことは多い。おばあちゃんが孤立していては何もできない。でも、誰かがおばあちゃんの弱点を少し補って、誰かに繋いで上げれば、おばちゃんはステキな仕事をしてくれるし、おばあちゃん自身も豊かな気持ちになれる。

ゴールデン・フックのやり方を取り入れた月3万円ビジネスはどうだろうか。本家本元のゴールデン・フックは全国レベルで募集するが、月3万円ビジネスでは地域レベルで募集する。地域の特色が少しは出る方がいい。

例えば、柿の産地なら「柿酢」。柿酢は滋養豊富で美味しい。毎日、心を込めて混ぜるのが美味しい柿酢をつくる秘訣だから、おばあちゃんの手仕事に向いている。例えば「柿チャツネ」。チャツネというのは万能調味料のことだ。何を混ぜるかによって、おばあちゃんの個性が出そうだ。有名な「四万十川《しまんとがわ》新聞バッグ」をそのまま採り入れてもいい。作り方は公開されている。考えれば商品はいくらでも出てくる。

後は、ゴールデン・フックのやり方にならう。センスが良い誰かがデザインをして、作り方をアドバイスする。出来上がった作品はネット上で販売する。運営者Aさんは月3万円だけを頂いて、利益はすべておばあちゃんに差し上げる。

別な地域では、Bさんが運営して、別な作品をネット上で販売する。AさんとBさんは、地域も作品も異なるから、競合する心配はない。できればウェブサイトをひとつにまとめると面白い効果が出そうだ。一時期流行った「一村一品運動」の月3万円ビジネス版だ。

古い・安いはカッコイイ

シャネルの服、ルイ・ヴィトンのカバン、ロレックスの時計、フェラーリの車、豪華な邸宅などなど、新しくて高価なのがカッコイイ……そういう時代が長く続いた。ところが最近、古いもの、安いものをオシャレに使うのがカッコイイと思う若者が増え始めた。先進国と言われる国に限られた話だが、文明の転換期にいま僕たちは生きていることを実感させられる風潮だ。

#80 おしゃれ着回し

NYのシーナ・マティケンさんのU.P(Uniform Projectのこと)は有名だ。LBD(小さめの黒いワンピース)を1年365日、着回す。着続けるのではなくて着回す。つまり、アクセサリーや靴下、ベルト、布切れなどなどを付け替えることによって、パーティードレスにもなれば、カジュアルウェアーにもなる。海浜着にもなれば冬服にもなる。いずれもオシャレだ。1日1ファッション、年に365ファッション。アクセサリーなどの付け替える部品(?)はタダで手に入れたものばかりだ。見事と言わざるを得ない。

インドの貧しい子どもたちの学費を募るのが、このプロジェクトの目的だった。ネット上で毎日ファッションを替えながらカンパを訴えた。365日で約10万ドルのカンパが集まり、300人の子どもが学校へ通えるようになった。U.Pのホームページをぜひ見ていただきたい。シーナさん自身がモデルになって365着の服を着こなして見せてくれる。きっとカンパをしたい気持ちになるはずだ。

U.Pはアッチコッチの国に波及した。イギリスでもドイツでもオーストラリアでも、似たような試みがなされている。ファッションを使って恵まれない子どもたちにカンパを募る。Social Conscious Fashion(社会性のあるファッション)と呼ばれている。

ファッションと言えば、金持ちが着飾るというイメージが強いが、U.Pは逆だ。センスと工夫次第で、金をかけなくても、自分を魅力的に見せることができる。周りの人を愉しくする。そして貧しい子どもたちを救うこともできる。

シーナさんを見習って、「オシャレ着回し教室」という月3万円ビジネスはどうだろうか。生徒たちはLBDを1着ずつ用意する。月に2回だけ教室に通う。教室に通う度に、一種類のファッションを完成させて街に出る。年に2回のチャリティー・ファッションショーを開いて、寄付金を集める。集めた寄付金をどうするかは、みんなで考える。シーナさんの365着には及ばないが、年に24着のファッションを実現すれば、センスが磨かれる。人生が愉しくなるような気もする。いいビジネスになると思う。

#81 非電化製品のリストアー

紳士服仕立ての名人は例外なく足踏みミシンを愛用している。電動ミシンは使わない。足踏みミシンの方が微妙にコントロールできるからだそうだ。名人でなくとも足踏みミシンの愛好家は意外に多い。身体と一体感があって、縫製作業が愉しくなるからだ。

日本国内では、足踏みミシンの製造はしていない。中国では製造している。ちゃんと縫えるし、価格も安い。が、使いたくはないシロモノだ。雰囲気がよくないし、踏み心地も悪い。足踏みミシンは縫えればいい……というだけのものではない。独特の雰囲気と使い心地が命だ。そうでなければ電動ミシンの方がマシだ。

となると、骨董品をリストアーしたものを購入するしかない。リストアーと言うのは、スムーズに動くように機械をオーバーホールし、美しさを取り戻すように化粧直しをすることだ。100年前のものならば100年の歴史を感じさせるように化粧直しをする。ニスを塗ればいいというものではない。

機械式の柱時計の愛好者も少なからずいる。時を経たたたずまい、チクタクという規則正しい音、ボーンボーンと柔らかい響きの時報……時間がゆるやかに流れ、心が穏やかになる。

壁掛け式の手動コーヒーミルも愛好者は多い。卓上式の手動コーヒーミルだと、左手で押さえて右手でハンドルを回す。愉快な作業ではない。壁掛け式ならトタンに愉しい作業になる。煎り立てのコーヒー豆を挽くのは至福の時だ。手にも快いし、香りが素晴らしい。

他にも、魅力的な非電化製品はイッパイある。そして地方の家の蔵や骨董品店でホコリを被っている。これらをリストアーして販売する。

リストアーした足踏みミシン

写真を見ていただきたい。シンガーの古いモデルの足踏みミシンだ。僕が手に入れた値段は4万円ほどだった。このミシンのリストアーに僕がかけた時間は4時間程度。まずはオーバーホールして、スムーズに動くようにする。次に木部にやすりをかける。時には金槌の角や釘で叩いてヘコミをつける。

サンドペーパーで磨き、下地塗装をする。例えば、黒のステイン塗料を部分的に布でこすりつけた上から、茶色系のステイン塗料を塗る。最後に透明ニスを塗って仕上げる。以上でホレボレするほど美しいミシンになる。100年の歴史も漂う。

脚の金属もサビを落として、黒のラッカーをスプレー塗装する。金属の弾み車もサビを落として、ハンドグラインダーに取り付けたバフで鏡面仕上げをする。以上でリストアーは完了。4万円で入手したミシンは20万円で売れるものに変身した。

非電化製品のリストアーは、良いビジネスになると僕は思う。経験年数を経るごとに技は上達する。中古ミシンの仕入れルートも広がる。販売先も増える。発展性に恵まれたビジネスだ。

#82 出張修理工房

なんでも使い捨て……というのは、この40年くらいの話。高度経済成長の賜物《たまもの》（？）だ。ドンドン買ってドンドン捨てる。そうでなければ高度経済成長は実現しなかった。

例えば靴。5000円の靴を買って半年で履きつぶす。足には合わないし、デザインは普通の靴だ。10年で靴代は10万円になる。これまでの日本の平均的靴事情だ。フランス人の靴文化は異なる。10万円の靴を買って10年間もたす。足にはよく合っているし、デザインもスグレモノだ。1年に1回程度は修理しながら、大事に履く。

日本式もフランス式も10年間の費用は10万円で同じだ。違うのは、足に合わない普通のデザインの靴10足か、足に合ったスグレモノデザインの靴1足かの違いだ。捨てられる靴の量は10倍、使われる動物の革も10倍、殺される動物の数も10倍だ。

どう考えても、フランス式の方が優れているような気がするのだが、これまでの日本ではフランス式は通用しなかった。古くさいのはダサイし、修理は面倒だからだ。だから古い靴を捨てて、新しい靴を買う。

すでに始まった経済収縮の時代。いいものを買って長く使う……当たり前の時代に戻り始めた。靴だって、10万円のオーダーメイド靴を10年履く人が増え始めた。となると、靴の修理屋が必須だ。事実、靴の修理屋は増え始め、全国で300億円市場にまで成長した（日本能率協会調べ）。

修理をして、いいものを長く使いたいのは、靴ばかりではない。自動車・家具・服・カバン・家・自転車・カメラ・照明・ストーブ・割れた花瓶や皿、楽器・アクセサリー・水漏れ・排水の詰まり……などなど、あらゆるものだ。でも自分では修理できない。道具や技術が無いからだ。できてもやらない。やらない癖が付いているからだ。

船木宰《ふなきつかさ》さん（神奈川県逗子市）の月3万円ビジネスは「出張修理工房」だ。なんでも出張修理する。刃物研ぎだってやる。修理費は一律2000円。但し、自動車やバイクの修理の場合は、もうちょっと頂く。「アレもついでに修理して」という話が多いので、1回の出張で2個くらいの修理を頼まれる。ということは、ひと月に8回ほどの注文があれば、月3万円ビジネスになる。

出張修理屋さんが存在するだけで、いいものを長く使うようになる。いいビジネスだと僕は思う。

#83 中古の太陽光発電

坂上尚之さんは、太陽光発電装置の販売・設置を仕事にしている。太陽光発電の仕事は、よくある話だ。同じ太陽光発電でも、坂上さんの仕事は似て非なるものだ。何処が違うかというと、坂上さんは中古の装置しか使わない。太陽光パネルもインバーターなどの付属品もすべて中古だ。

太陽光パネルや付属品の中古品はタクサン出回っている。「10年以上使えば元が取れる」とか、「20年は保つ」と言われて購入したはずなのに、4〜5年で捨てる人が多いからだ。捨てる理由は、新しい機種に替えるからだ。新しい機種ほどカッコイイし、効率もチョッピリいい。古い機種ではカッコワルイ。道楽息子が高級自動車を次々に買い替えるのと似

中古の太陽光パネル

ている。

そもそも、太陽光パネルは製造段階で膨大な電力を消費する半導体だ。太陽光パネルが生み出す電力の5年分を製造段階で消費すると言われている。4~5年で捨てるのでは、エコでもなんでもない。坂上さんは、こういう風潮が大嫌いだ。

捨てられている中古品なら話は別だ。どっちみち製造段階では電力が消費されている。使わないよりも、使っただけエコだ。しかも安い価格で提供できる。事実、坂上さんが提供する装置は格安だ。

格安だから、坂上さんに太陽光発電装置の設置を頼む人は多い。ところが、簡単には注文を受けてもらえない。頼まれると坂上さんは家庭訪問をして、エネルギーの使い方をヒアリングする。無駄な使い方をしている家庭からは注文を受けない。とても頑固《がんこ》だ。坂上さんの基準は高いので、注文を受けてもらえない家庭の方が圧倒的に多い。

電気を野放図《のほうず》に無駄遣いしている家庭ほど、太陽光パネルを設置する傾向が強いことに坂上さんは気づいていた。そういう家に限って、新機種が出ると、旧機種を捨てる。エコではなくてミエだ。

エネルギーを無駄にしないように工夫したり、努力したりする。そして、エネルギーに占める電力の割合も減らすように努める。そのようにして減らした電力需要を太陽光発電で賄う。そういう自然エネルギーとの付き合い方でありたいと、坂上さんは切に願っている。

坂上さんは全国的に有名だ。依頼は相変わらず多い。坂上さんに注文を受けてもらった人は鼻高々だ。坂上さんの厳しい省エネ基準をクリアーしたのだから。

坂上さんのように、中古の太陽光発電装置の販売・設置という月3万円ビジネスはどうだろうか。電力が余ったら電力会社に売り、足りなくなったら電力会社から買うというやり方を系統連系と呼ぶ。この系統連系は東京電力をはじめオジサンたちが熱心にやっているから、おまかせする。自分で発電した電力は自分で使う独立運転に限定する。家全体を独立運転するオフ・グリッドというカッコイイやり方でもいいし、照明だけとか街灯だけを太陽光発電にして、残りは商用電力でという、分離独立運転でもいい。

中古での仕入れ価格や輸送費、部品代などをすべてオープンにして、それに3万円だけプラスした料金を請求する。独立運転であれば設置工事は1日仕事程度だ。技術的には難しいことはなにも無い。月に1軒の仕事を受ければ、月3万円の収入になる。

難しいのは、省エネ度判定の方だ。こちらは、よく勉強して、経験を積むことが必要だ。この技量が上がると、「省エネコンサルタント」というもうひとつの月3万円ビジネスに繋がる。更にはウッドボイラーのような「再生エネルギー利用機器の導入」という大きなビジネスにも繋がる。社会性が高く発展性もある。いいビジネスだと思う。

都会でオシャレに農業

自給自足に憧れる都会人は多い。自給自足できないことに恐怖心を抱いている都会人も多い。しかし、田舎に移住して自給自足にいそしむ人は限りなく少ない。田舎には仕事も、住む家も、親しい仲間もいないからだ。

しかし、都会でも農業は工夫すればできる。オシャレにもできる。もちろん愉しくできる。だが、誰かが少し手伝って上げないとできない。少し手伝って上げる月3万円ビジネスは喜ばれそうだ。

#84 ベランダ栽培

都会で農業は困難だと思い込んでいる人が圧倒的に多い。確かに田舎に比べれば制約だらけだ。もっとも困難なのは集合住宅だろう。が、集合住宅にもベランダはある。多くの場合、ベランダは南に面している。ベランダには水道蛇口が備え付けられているし、排水孔もある。ベランダを有効に使えば、かなりの野菜をつくることができる。

せっかくのベランダなのだから、野菜づくりだけではもったいない。夏は日陰になり、水の蒸発効果で風も涼しくなる。室内から外を見た景色を、無機的なものから自然豊かなものに変えてみたい。野菜だけではなくて、少しだけ花を咲かせてみる。果物もちょっとだけ育てる。ベランダの意味がまったく変わってくるはずだ。

そういうアートでナチュラルなベランダづくりをサポートする月3万円ビジネスは、都会で喜ばれそうだ。

中村達郎さん（埼玉県東松山市）の月3万円ビジネスは「ベランダ栽培のワークショップ」だ。野菜コース、花コース、ハーブ&薬草コースの3つのコースがある。各コースとも、四月から十月まで、月2回の連続ワークショップを行う。

例えば、野菜コースの場合、四月の第一講座は勉強だけ。野菜づくりのイロハを学ぶ。

ベランダ栽培

年間の作業カレンダーも渡しておく。四月の第二講座は春夏野菜の苗の植え付け。初年度は苗から始める。2年目の上級コースでは、種播きから始める。ナス、キュウリ、トマト、ピーマン、小松菜の五種類に留める。ベランダの広さは限られているので、これくらいが限度だ。5種類に限れば、4人家族の分はベランダだけで賄える。

五月以降は、摘芯・芽かき・培土・追肥などを順次学んで行く。九月になると、秋冬野菜の苗の植え付けが始まる。レタス、二十日大根、ほうれん草、人参、タマネギの5種類に限定する。秋冬野菜の代表選手の白菜には手を出さない。ベランダの広さには限りが有る上に、ベランダで白菜は美しくないからだ。

各コースとも、初年度は購入してきた有機肥料を用いる。2年目の上級コースでは、有機肥料づくりも学ぶ。各コースとも生徒数は10人程度に限定する。月ごとに生徒の家庭を順繰りに回る。お茶とオヤツはホストファミリーがサービスする。2ヶ月に1回の割合で、1品持ち寄りパーティーを開く。

14回のレッスン料は苗、肥料、プランター代込みで総額3万円。1コース当たり、月に3万円ほどの収入になる。「3万円も払うなら、出来上がった野菜をスーパーから買って来た方が安い」などという野暮なことを言う人は、これまではいなかった。

このワークショップは評判がいい。自分で野菜を作れるようになる喜びは大きいからだ。ワークショップを通じて、同じ文化を共有できる仲間が増えるのも、評判がいい理由のひとつだ。

#85 バケツ稲作

バケツ稲作をご存知だろうか。文字通りバケツでお米を栽培する。都会のベランダでもできるところがミソだ。サイズが異なるカラフルなバケツを並べるとオシャレになる。下手なアートよりも美しい。

バケツ稲作

「バケツごときで食料を賄えるか！」と思うだろう。その通りだ。大きめなバケツ（20リットル）1杯で、収穫した米1.2合というのが僕の最高記録。0.4合が最低記録。バケツを5個用意したとしても2〜6合。4人家族の1〜3食分にしかならない。

バカバカシイと思うかもしれないが、そうでもない。実際にバケツ稲作にチャレンジした人の全員が感動したと言う。こんなに美味しいお米は食べたことが無いとも言う。バカバカシカッタと言った人はいない。

バケツ稲作といえども、芽出しから始まって、田植え、中干し、稲刈り、天日干し……と、水田稲作とまったく同じことを行う。水位の管理や雑草・害虫退治・雀対策・肥料などの工夫をすれば収穫は増える。これも水田稲作と同じことだ。つまり、バケツ稲作をすれば水田稲作の技術を修得できる。実際にバケツ稲作を試みた人のほとんどが水田稲作を志向する。

ベランダや庭先に稲が育ってくると豊かな気持ちになる。自然の恵みで生きるという感性も培われる。観葉植物の鉢が置いてあるのとはまったく違う。日本人にとって米というのは、なにか特別な存在のようだ。

稲刈り、脱穀した後の籾から籾殻を外すことを籾摺りと言う。実は一番厄介なのが籾摺りだ。一升瓶の底に入れて棒で搗《つ》くとか、石臼で挽くとか、伝統的な方法もあるが、多くの人は非電化工房製の非電化籾摺り機を使う。

籾摺りした米を玄米と言い、玄米を精米したものを白米と言うのは、誰でも知っていることだ。玄米でも白米でも、自分で育てて収穫した米の炊き立てを食べる時の感動はハンパではない。日本人にしか理解できない感動だ。

今村耕三さん（青森県青森市）の月3万円ビジネスはバケツ稲作だ。青森市内の人を対象にバケツ稲作のワークショップを行う。五月から十月まで、月1回、計6回の連続講座だ。バケツや種籾は今村さんが準備する。各講座では、生徒は栽培中の稲のバケツを1個だけ持参し、作業をしながら稲作を勉強する。家に帰ってから残りのバケツの稲の作業をする。栽培中の稲を持参する……というのが、バケツ稲作ならではの微笑ましい光景だ。

十月下旬の講座では稲刈り・脱穀・籾摺りを学ぶ。収穫祭を盛大にするのはもちろんのことだ。バケツ稲作終了後に水田稲作を志向する人のために、今村さんは共同稲作の水田を用意してある。もうひとつの月3万円ビジネスだ。

自分でつくれば幸せになる

ナンデモカンデモお金で買う時代が長すぎた。だから今、自分でつくりたいという願望が強くなっている。自給自足と大きく構える必要はない。ささやかなものでも自分でつくれば幸せな気分になれる。みんなで一緒につくれば仲良くなる。そういうきっかけをつくって上げる。月3万円ビジネスのテーマはいくらでもある。

#86 アートなオーガニック蚊取り線香

夏は蚊が多い。今に始まったことではない。僕たちが子供のころだって、蚊が多かった。今と違うのは、ケミカルには頼らないで蚊と付き合ってきたこと。蚊取り線香や蚊帳《かや》やボウフラ退治……などなど。

今はケミカルだらけだ。例えば電子蚊取り。農薬として使われる合成ピレスロイドが主成分だ。子供の脳の発達を阻害することが黒田洋一郎博士らの研究で解明されている。例えば殺虫スプレー。ネオニコチノイド系農薬が主成分だったりする。ネオニコチノイド農薬はミツバチ激減の原因物質としてよく知られているが、パーキンソン病やＡＤＨＤ（注意欠陥・多動性障害）などの子供の神経性脳障害の原因となることが強く疑われている。

蚊取り線香も昔は天然除虫菊から作られた。今は合成ピレスロイドが主成分のものがほとんどだ。天然除虫菊のものも少しだけ売られている。

そこで、蚊取り線香を自分でつくるワークショップという月３万円ビジネスはどうだろうか。天然除虫菊製であることは言うまでもない。タブノキのパウダーと天然除虫菊パウダーを買ってきて、水で溶いて練り、成形して乾燥すれば出来上がり。つくることは難しくない。タブノキと除虫菊のパウダーはインターネット通販でも安く購入できる。

インドの蚊取り線香

せっかく自分たちで作るのだから、渦巻形では面白くない。アートな形にする。例えば木の葉の形にして、上から吊るすようにする。ゆっくり定常的に燃えなければいけないので、同じ太さの一筆書きでデザインする。

着色すると、もっとアートになる。例えば弁柄という顔料を少し混ぜれば赤くなる。顔料は天然鉱物由来だから、混ぜても支障ない。香料を混ぜても愉しい。例えば白檀《びゃくだん》の粉を混ぜる。白檀はお香の代表的な材料だ。お香の材料も天然の木や貝殻由来のものだから無害だ。因みに、棒や円錐《えんすい》の形をしたお香は練香《ねりこう》と呼ばれる。練香はタブノキのパウダーと香料を混ぜて練って成形すればできる。蜂蜜と香料を混ぜて練ってもいい。

除虫菊も作ってしまうことにすれば更に本格的だ。春に種蒔きをすると、翌年の初夏に花が咲く。花の子房にピレトリン（蚊を失神させる作用がある成分）が多く含まれるので、花ごと集めて乾燥させて粉にする。種はシロバナムシヨケギクという名称で、インターネット通販で入手できる。

お母さんたちに集まってもらって、アートな蚊取り線香を愉しく作る。ついでに美味しいおやつを頂く。更についでに、幼児の安全を守ることを愉しく勉強する。必然的に、虫除けスプレーの話、防虫剤の話、赤ちゃん用洗剤の話、歯磨き粉の話、石鹸の話……と発展してゆく。例えば防虫スプレーの主成分のディート（ジエチルトルアミド）は皮膚炎や神経障害の原因になる……などなど、怖い話をタクサン知ることになる。

勉強を急ぎ過ぎると「もう、いやっ！」となって眼をつぶってしまう。ゆっくり勉強して、愉しく対処するのがいい。例えば、虫除けスプレーをみんなで作る。方法は簡単だ。それができたら、次は歯磨き粉をみんなで作る。この作り方も簡単だ。それができたら……という具合だ。月3万円ビジネスの種は尽きない。

#87 ステビア（甘味料）栽培

糖分の摂《と》り過ぎをおそれる人は多い。肥満、糖尿病、肌のシミ・クスミ・小じわ、記憶力低下、鬱《うつ》、生理痛、不妊症、冷え性、糖質によるカルシウム破壊に伴う骨折・虫歯・イライラ・無気力・無関心……確かに糖分を摂り過ぎるとロクなことがない。

そこでWHO（世界保健機関）は二〇一四年春に糖類摂取量に関する新しい指針を発表した。この指針に従うと、普通体形の大人が1日に摂取する量は約25gだ。25gは大変に少ない。WHOによればスプーン1杯のケチャップには約4gの砂糖が含まれ、炭酸飲料1缶には約40gの砂糖が含まれている。因みに、日本人の砂糖消費量は1日45gで、米国の2分の1だ（二〇一四年、農畜産業振興機構）。が、これは平均の話で、青少年の消費量は米国に負けていない。

というようなことは、誰でも知っている。だから糖分を減らそうとする。しかし、甘いものを食べている時の、あの幸せな気分は何ものにも代えがたい。

ならば、アスパルテームなどの人工甘味料があるではないか……と言いたいところだが、人工甘味料は安全上の問題がイロイロ取りざたされている。イギリスの科学誌「ネイチャー」（二〇一四年九月）には、人工甘味料で糖尿病のリスクが増すという論文が発表されている。

砂糖もダメ、人工甘味料もダメ……となると救いが無さそうだが、ひとつだけある。ステビアだ。ステビアは天然の非糖質系甘味料だ。人工甘味料のように化学合成できないので、工業製品には向かないのだが、安全性には問題無い。

ステビアを栽培するのは難しくない。五月頃に種蒔きするか、六月に挿し木をする。花

ステビアの苗

が終わった後の十月下旬ごろに収穫する。甘みが一番高くなる時期だからだ。種からだと甘みにムラがあるが、挿し木ならその心配は無い。南米原産だけあって寒さには弱いので、霜除けは必須作業。小まめな追肥も必須。

収穫したら枝と葉を煮だし、煮詰めてシロップにする。葉を乾燥・保存して紅茶に浮かべるといった使い方もある。煮詰めると、砂糖の200〜300倍の甘さとなる。作ったシロップを販売してもいい。通信販売でも300㎖のステビア濃縮液を1万円くらいで販売している。だからと言って、この価格以下で売らねば……などと考える必要は無い。無農薬・無添加で心を込めて作るのだから。

葉を形と色を残したまま乾燥して美しいガラス瓶に入れたものを販売する方が、シロップを販売するよりはオシャレでいい。もちろん通販では手に入らない。挿し木用の苗木を用意してワークショップを開催するのもいい。健康論議が弾むはずだ。すると別な月3万円ビジネスに発展する。

#88

窓下温室

家の南側は温かい。太陽が照るからだ。だから南側には窓がある。太陽の光は窓から入ってくるが、窓の下の壁にも差している。モッタイナイ。

そこで、南側の窓の下に温室をつくる。透明な蓋を上から開ける方式の温室だ。窓下の壁を利用するので、簡単にできる。風で飛ばされる心配も無い。窓の下と言っても、地面からの高さは1m以上はある。だから、背丈が1m以下の植物を栽培できる。

例えばお茶の栽培。茶の木の背丈は1m以下だ。日本人のお茶の消費量は平均して年に約1kg。1kgのお茶の栽培には約2㎡の面積が必要だ。3人分でも6㎡。窓下温室で可能な面積だ。

お茶の栽培には大量の農薬が使われるのが常識だ。残留農薬基準値は守られているが、基準そのものが甘い。例えば、代表的な農薬であるアセタミプリド。ミツバチ大量死の原因とされているネオニコチノイド系農薬だ。お茶に適用される残留基準値は50PPM。お米に適用される基準値0.01PPMの5000倍の甘さだ。

窓下温室で、自分でつくれば無農薬は簡単に実現できる。せめてお茶くらいは、農薬の

窓下温室

ことを気にしないで、ゆっくりと味わいたいものだ。緑茶を発酵させてウーロン茶をつくるのもいいかもしれない。

例えば綿。綿は寒い地方では栽培が困難だ。窓下温室なら話は違う。東北地方でも綿を栽培できる。摘芯をすれば背丈を1m程度に抑えることができる。綿は乾燥地を好むので、温室は、その点でも向いている。但し、衣服をこれで賄うには膨大な栽培面積が必要になるので、窓下温室では困難だ。趣味の綿つくりの範囲に留まる。

例えば苺。市販の苺は、農薬を大量に使う。例えば佐賀県は47回、静岡県は54回、福岡県は63回だ。そう聞くと、甘い苺も苦く感じる。窓下温室なら農薬使用回数は0回。甘い苺を甘く感じることができる。

窓下温室は、ビニールハウスよりも温かい。北側が家の壁だからだ。そもそも、ビニールハウスの北側が透明なのは不合理だ。太陽光は北側からは入ってこない。北側が透明だと放射冷却が起きて、ハウス内の温度は下がってしまう。

南側と上蓋は透明な板。ガラス板よりもポリカーボネイト板の方が好ましい。ポリカーボネイト板は、太陽光は通すが、赤外線は通りにくい。つまり、放射冷却が起きにくい。東側と西側には小さな蓋を設ける。必要な時には風を通すためだ。植物には風が必要不可欠だ。風が無いと葉の表面での水の蒸発や炭酸ガスの放出が滞り、病弱な植物になる。網を張るなどして、東西の蓋から虫が入らないようにすれば、無農薬栽培は容易だ。

遠藤鈴維子《れいこ》さん（長野県東御市）の月3万円ビジネスは「窓下温室」だ。窓下温室を12万円で販売する。材料費は6万円以下だ。年に6個売れば、月3万円の収入になる。併《あわ》せて、栽培植物の苗や有機肥料を販売する。月3万円ビジネスがもうひとつ増える。

美味しさを届ける

美味しいものを食べれば幸せな気持ちになる。美味しいものと優しい心を一緒に届ければ、もっと幸せな気持ちになる。そういう月3万円ビジネスはタクサンある。

#89 オシャレな焼き芋屋

前田敏之さんは月3万円ビジネスだけで生計を立てている。本拠地は千葉県木更津《きさらづ》市だ。前田さんが手がけている月3万円ビジネスは全部で9つほど。全部を同時にやれば月収27万円になる理屈だが、2つか3つしかやらない。支出が少ないので、収入は多くなくてよいからだ。収入を増やそうとすれば、自由時間が少なくなり、自給率も下がる。そうすると支出が増えて……と悪循環に陥ることを前田さんは熟知している。

オシャレな焼き芋屋も9つの内のひとつだ。写真を見ていただきたい。リヤカーの上に焼き芋器を載せ、自転車で引っ張る。自転車は中古品をタダで手に入れた。リヤカーは竹で作った。焼き芋器もタダで手に入れたドラム缶を使って自分で作った。もちろん、芋も自作だ。つなぎの服と帽子も自作だ。オシャレにコーディネイトできた……と前田さんは自賛している。僕もそう思う。

このスタイルで木更津の町を月に2日だけ売り歩く。評判は良い。理由は、美味しくて安くてオシャレだからだ。商品名を「木更津スイーツ」と前田さんは名づけた。確かに木更津スイーツは美味しい。前田さんは3種類の芋を育てているが、焼き芋も3種類を揃えて食べ比べをしてもらう。こんな焼き芋屋は見たことがない。

焼き芋屋の前田敏之さん

実は、評判が良い理由がもうひとつ有る。前田さんの人柄だ。30代後半の年齢なのに、不思議なほどに穏やかで優しい。前田さんと一緒にいると、ゆったりとした幸せな気持ちになると、知人は口を揃えて言う。

木更津の人は、美味しい焼き芋と穏やかで幸せな気持ちとをセットにして買っているのではなかろうか。木更津の人はラッキーだと僕は思う。

前田さんは、月3万円ビジネスの分かち合いをも愉しんでいる。インターネット上でホームページ（30000yen.biz/）を立ち上げて、情報を公開し、交流している。頼まれれば講演やワークショップも引き受ける。こちらも評判がいい。話にリアリティーがある上に、前田さんの人柄がいい。因みに前田さんの講師料は一律1万5000円+交通費実費。月に2回だけ引き受けるので、月3万円の収入になる。立派な月3万円ビジネスだ。

#90 芋掘り遠足

芋に関わる月3万円ビジネスをもうひとつ。同じく前田敏之さんの「芋掘り遠足」だ。芋掘りをして、芋を食べて、残りは持ち帰る。平凡だが、評判は良い。こんなことで月3万円ビジネスが成り立っている。

実は月3万円ビジネスのテーマは、みんな平凡だ。平凡だが心が込もっている。温もりのある人間関係を何よりも大切にする。しかも月に3万円だけ稼げばいい。だから平凡でも成り立つ。前田さんの心の込め方は、先ずは歩くこと。駅に集合して、畑までみんなで歩く。前田さんは道順もじっくり考える。駅に集合した時には征服民族っぽかった気持ちが、歩く内に解きほぐされ、畑に着く頃には先住民族っぽい気持ちになっている。つまり、自然や人に優しい、穏やかな気持ちだ。

芋掘り遠足

畑に着くと、さっそく芋掘りだ。ご存知の方は多いと思うが、芋掘りほど愉しい作業はない。簡単な作業なのに達成感がハンパではない。掘った後は料理&食事の時間だ。焼き芋・芋鍋・茎や葉の料理……と芋づくしだ。3種類の芋を食べ比べるのも好評だ。もちろん、食べている間中、会話が弾む。解散の頃には、みんなが仲良しになっている。

会費は2000円だけ。参加者はみな安すぎると言う。でも、自分で作った芋だから、原価はほとんどタダ。月に15人ほどの参加で月3万円の収入になる。

一年を通して芋掘り遠足をすることはできない。前田さんは「春の七草遠足」や「蜜柑《みかん》刈り遠足」などを上手に組み合わせる。前田さんファンは増える一方だ。

前田さんの別な月3万円ビジネスは「米作りのワークショップ」。平凡の極みだ。でも評判はいい。月に2回、半年で米作りを覚える。参加費は1回当たり2

500円。昼食付きだ。しかも収穫した米の半分を出席日数割で分配してもらえる。因みに、残りの半分は前田さんの取り分だ。参加費が高いと文句を言う人はひとりもいない。

月3万円ビジネスだけで愉しく稼ぐ前田さんには、ストレスも縁が無い。仲間は増える一方、健康も増進する一方だ。前田さんから学ぶことは多い。前田さんを招いて講演会を開くことをお勧めしたい。但し、1万5000円用意することをお忘れなく。

コミュニティーカフェ

コミュニティーカフェというのは、地域にコミュニティーが育ったり、仕事が生まれたりするのをサポートするカフェのことだ。文化を育てたり、発信したりもする。文明の転換期のいま、コミュニティーカフェの役割は大きい。

#91 仕事をつくるコミュニティーカフェ

コミュニティーカフェがささやかなブームだ。が、まだまだ少ない。もっともっとタクサンできるといいと、僕は願っている。コミュニティーカフェが存在すると、仕事が生まれ、コミュニティーが育つからだ。

例えば栃木県益子町にある「ヒジノワ（土の輪）」。月曜日はAさんのマクロビレストラン、火曜日はBさんのカレー屋……というように、日替わりで店主と店種が変わる。有機野菜の直売コーナーもある。野菜の販売は、その日の店主に頼む。手作りアクセサリーも展示されている。こちらの販売もその日の店主の仕事だ。幸い（?）に滅多に売れないので、店主は忙しくない。こういう店主のことを週1店主と呼ぶ。

ギャラリー・スペースもあって、地域の仲間の作品が展示される。展示されていない時の方がどちらかというと多い。テーブルと椅子を並び変えるとイベント会場に早変わりする。時おり地域のミュージシャンのコンサートが開催されたり、映画会や原発反対の集会が催されたり、ワークショップが開催されたりする。

月曜日のAさんも、火曜日のBさんも自分の店は持っていない。自分の店を持つほどには資金力も集客力も持っていないからだ。でも、1日だけの営業ならば、お客を集めるこ

益子町のヒジノワ

とはできる。週に1日分の家賃・光熱費なら払える。利益だって出せる。

田舎の面白さは、週に1日営業でも週に7日営業でも、トータルの来客数は大差無いということだ。トータルの客の数には上限があるからだ。都会とは違う。営業時間を絞れば客はその時間に集中して来てくれる。問題は固定費だ。週に1日しか営業しないのに家賃も光熱費も人件費も1週間分払わなければならないとしたら、採算が合うはずがない。だから、1日分だけ払うコミュニティーカフェなら利益を出せる。

コミュニティーカフェの大家になるという月3万円ビジネスをお勧めしたい。週1店子《たなこ》からの家賃収入で月3万円、コミュニティーカフェを活用した月3万円ビジネスを4つで月12万円、合計で月15万円ほど稼ぐ。週休は4日。「月に15万円だけか」と思うかもしれないが、週に4日も休みがあれば自給率を上げられる。支出は少なくなるから、4人家族でも貯金ができるはずだ。

コミュニティーカフェの建設や家賃にお金をかけてはいけない。思い切りボロな家をタダ同然で借りて、みんなで協力して金をかけないで改装する。そうしないと、週1店子の家賃が高くなって、利益が出なくなる。週1店子はいなくなるから、大家の家賃収入は無くなる。実際に、全国にあるコミュニティーカフェは例外無く建設や家賃にお金をかけていない。

#92 電車マルシェ

田村香さんの月3万円ビジネスは「電車マルシェ」だ。北越急行の2両編成の電車を借りきってマルシェを開く。停まっている電車ではなくて走っている電車だ。新潟県の十日町駅と六日町駅の間を往復する。マルシェの出店者は有機野菜や加工食品や手工芸品など20軒ほどだ。田村さん自身のカフェもある。

十日町駅を出発した電車は、15分後に六日町駅に到着する。15分の間に急いで買物を済ませなければならない……というわけではない。六日町駅で1時間くらい停まっているからだ。六日町駅のホームにも店が出されている。ホームで1時間を過ごして、十日町駅ま

電車マルシェ

でまた電車に乗って帰る。

「わざわざ電車でやらなくても場所はいくらでもあるじゃないか」と思うかもしれない。確かに場所はいくらでもあるが、面白くない。電車でマルシェというと、なぜか心が躍る。実際のところ、田村さんが借りきった電車は満員だ。

電車の借りきり代はタダだ。つまり北越急行には十日町駅〜六日町駅間のわずかな電車代しか入ってこない。でも北越急行は田村さんの提案に乗った。ローカル鉄道が地元で愛されることに繫がると考えたからだ。

マルシェ出店料もタダだ。つまり田村さんの収入は自身のカフェの売上しか無い。一往復で3万円程度の売上にはなるが、膨大な手間を考えるとまったく合わない。出店者から出店料をもらえばマジャクに合うのだが、田村さんはもらわない。

地域に仕事を生み出すお手伝いをしたい……というのが、この電車マルシェの目的だから だ。事実、自分では店を持てない若者が、このマルシェに出店してチャンスを増やしたり、自信を付けたりしている。

実は田村さんにとっても損にはならない。田村さんファンが増えて行くからだ。モバイルカフェ（移動カフェ）も田村さんの月3万円ビジネスだが、流行っている。田村さんに会いたいのが1番の目的、美味しいコーヒーは2番目の目的だ。みんなが会いに行きたくなるくらい、田村さんは魅力的だ。底抜けに明るいし、大らかで前向きだ。電車マルシェのことも、思い付いたら、躊躇《ちゅうちょ》せずに北越急行に突撃した。

「奪い合わないで分かち合う」というのが、僕が考えた月3万円ビジネスの標語だ。田村香さんは分かち合いを地で行っている。田村さんの存在は十日町には貴重だと思う。

#93 美術館マルシェ

電車マルシェで紹介した田村香さんは、月3万円ビジネスの複業を愉しんでいる。例えば、「廃品の米袋のアップサイクル」。田村さんは新潟県十日町市で暮らしている。日本有数の米処《こめどころ》だ。田村さんが気になったことがある。米袋が使い捨てにされていることだ。

アップサイクルのことを田村さんは知っていた。例えばアップサイクルのバッグには、消防ホースの廃品、トラックの幌の廃品、シートベルトの廃品……丈夫な廃品が利用されている。「米袋の廃品だって丈夫じゃないか！」と田村さんは考えた。そこで、「廃品の米袋のアップサイクル」に取り組んだ。

初めにつくったのは「アップサイクル・ファイル」。米袋をカットし、蠟《ろう》を塗って、紐で綴じた。プラスチックのクリアーファイルと比べると、格段に美しいし、長持ちする。もっと違うことは、プラスチックのクリアーファイルは石油からつくるが、田村さんのファイルは廃品の米袋からつくる。1枚200円で販売したら、評判がいい。直ぐに売り切れてしまう。

次につくったのは、「アップサイクル帽子」。男女兼用のハンチング帽にした。作り方は、ファイルと同じく、廃品の米袋に蠟を塗って、糸で縫った。こちらも好評だ。

田村さんは「ナナシのマルシェ」を主催している。南魚沼市で毎月1回開催される。毎月開催されるたびに名前が変わるので、ナナシ（＝名無し）。例えば七月は〝緑陰の市〟と名付けられた。農産加工品、お菓子、クラフト、ナチュラル雑貨などが展示販売された。田村さんは、地域に仕事が生まれ、仲間の輪が広がり続けることを願っている。だから、

風の又三郎デッサンコーナー

閉鎖的になったり、マンネリに陥ったりしないように心がけている。毎回名前を変えるのは、そのための工夫のひとつだ。もちろん、名前を変えるだけではなくて中身も新鮮にする。
二〇一五年一月のナナシのマルシェは「雪見展 in 池田記念美術館」と名付けられた。手づくりの帽子・古着で作ったクマ・山野草を使ったクラフト雑貨……などなど、地域の作家や趣味人の手作りのクラフトが展示販売された。自家製おこわなどの美味しいもの、パステルアートなどのワークショップも盛りだくさんだ。池田記念美術館ロビーに展示されている〝風の又三郎〟のデッサンコーナーも大勢の1日アーティストで賑わった。

2日間にわたって開催されたこのマルシェの入場者は約1200人。東京での話ではない。人口6万人足らずの雪深い南魚沼市での話だ。田村さんの願い通り、仲間の輪は確実に広がっている。田村さんに拍手！

#94 ママカフェ

福岡の川原清隆さんの月3万円ビジネスは「ママカフェ」だ。川原さんが両親と同居している町家風の自宅を自力でカフェに改装した。もちろん金をかけないで。カフェの客はママたち。幼児を連れてこのカフェに来る。ママたちは幼児を子供部屋に預けて、おしゃべりを愉しむ。子供部屋で幼児を預かるのは保育ママ、コーヒーを淹れるのも保育ママ。つまり、ママたちは順番でコーヒー係になったり保育係になる。

この保育カフェは、ママたちに喜ばれている。子供は本当に可愛いのだけど、四六時中だと疲れてしまう。たまには息抜きをしたい。一番の息抜きは、同じ状況のママさんたちと、ゆったりとおしゃべりを愉しむこと。もちろん美味しいお菓子付きで子供抜きで。何時間いても800円。800円は決して高くない。なぜなら、たまに回ってくる保育係・コーヒー係の時には自給800円もらえるのだから。

川原さんのビジネスモデルは愉快だ。どうせ空いている部屋を使うのだから、たくさん稼ぐ必要は無い。河原さんにとっては複業のひとつだから、少し稼げばいい。育児で疲れ切っているママさんたちを幸せにして上げたい……これが川原さん親子にとって一番大切なことだ。川原さん親子に乾杯！

支出を減らして幸せ度を上げる

支出を減らせば収入は少なくてよい。すると自由時間を増やせる。自給率も高められる。支出は更に減って……という具合に好循環が生じて幸せ度は上がる。問題は、どうしたら幸せ度を上げながら支出を減らせるかだ。

#95 非電化パン屋プロジェクト

非電化パン屋プロジェクトを紹介したい。月20万円ほどのビジネスなのだが、仕事のあり方という点では月3万円ビジネスと同じだ。とても愉快なプロジェクトだと僕は思っている。

7人のメンバーで、このプロジェクトは始まった。内2人は僕の非電化工房に1年間住込みで修行した青年だ。だから家の建築や石窯の制作はできる。初めに栃木県真岡市の小林有子さんのパン工房を3ヶ月で作ることにした。店を兼ねた工房だ。予算は30万円。

元弟子2人は小林さんの実家に住み込んで週に5日間、工事に携わる。4人は週に2〜3日、通いで工事に加わった。予定通り、3ヶ月で完成した。費用も30万円に収まった。

二〇一三年十一月に完成して、晴れてパン屋をオープンした。

次は長野県松本市の伊藤さんのパン屋の建設だ。小林さんのパン屋建設に伊藤さんも加わって技術を修得したし、小林さんの工房とまったく同じ設計なので、元弟子2人は抜けて、新しいメンバーが加わる。伊藤さんのパン屋が完成すると、次は千葉県の牧村秀俊さんのパン屋……という具合に、順番に繋げて行く。

このプロジェクトの何処が愉快か……という話をする前に、この国でパン屋を開業する時の平均像を披瀝《ひれき》したい。統計に基づく正確な平均像ではない。僕の見聞から導いた平均像だ。

3年間ほどパンづくりの修行をする。夢と希望に満ちた3年間だ。開業となると店を借りることになる。家賃は月に12万円。通りに面しているので高い。次に設備を整える。電気窯やホイロ（発酵槽）、電気冷蔵庫、車などなど、しめて500万円。このリース代が月に10万円。いざ開業すると電気代が月に15万円。ここまでで月に合計37万円の経費となる。37万円分を稼ぐためには、週に最低でも6日は営業せざるを得ない。個人では無理なのでスタッフを雇う。スタッフの人件費が月に40万円。先の37万円と合わせると月に77万円。ここに一家4人の家計費35万円が加わる。合計112万円がひと月に必要なお金だ。

月に112万円を稼ぐためには、パンを150万円ほど売らなくてはならない。そのためには、朝5時から夜11時まで、キリキリ舞いをして働く。そして10年で身体を壊して、借金を残して廃業する。これが僕が知っている平均像だ。平均だから、もっと幸せなケースもあれば、もっと悲惨なケースもある。もしかすると大袈裟になったかもしれないが、外れすぎてはいないはずだ。

10年で身体を壊して借金を残してやめるのが平均像だとしたら、こういう仕事のあり方が本当に幸せなのだろうか。確かに売上は大きい。国にたとえればGDPが大きい。しか

小林有子さんの非電化パン屋

し売上の行き先はリース会社・電力会社・家主だ。リース会社を経由して電機メーカー、自動車メーカー。不動産屋や家主を経由して建築・土木業。結局のところ金融・エネルギー・電機・自動車・不動産・土木・建築、以上終わり。日本の経済の縮図だ。

非電化パン屋のGDPは小さい。週に3〜4日しか営業しないからだ。なぜかと言うと自作の石窯だし、ホイロも自作だから、リース会社への月10万円は要らない。電気を使わないでパンを焼くので、電力会社への15万円も要らない。営業時間が短いので、スタッフは要らない。結局月77万円は出て行かない。すると週に3日か4日だけ営業すれば十分だ。自由時間が多いので自給率を上げられる。家計費も25万円ほどに縮まる。売上は50万円もあれば十分だ。

実際に小林有子さんは週に3日だけ営業している。後の4日は大好きな果物づくりと野菜づくりを愉しんでいる。果物は無添加のジャム、採り立ての旬の有機野菜はサンドイッチに……という具合に、パン屋との相性も良い。身体は疲れないし、ストレスも溜まらない。友だちも増える一方だ。売上は先の平均像の3分の1程度だが、どちらが幸せだろうか。

非電化パン屋の方が幸せだと考える人がいたとして、どうして実行できないのだろうか。一人ひとりが孤立して競争しているから……というのが僕の意見だ。だから仲間をつくって、奪い合わないで分かち合うという仕事のあり方があってもいいと僕は思う。

#96 都会で支出0円プロジェクト

支出0円プロジェクトがドイツの若者の間で流行っている。飲まず食わずのサバイバルレースではない。ちゃんと飲んで食って、まともに生活する。どうやって支出0円にするかというと、プロジェクトメンバー同士が物々交換することによって必要な物を手に入れる。

昔からある物々交換とは違う。プロジェクトメンバーは、それぞれの支出をゼロにするために相談して工夫する。具体的には、それぞれの翌月の支出予想を詳しく発表する。すると他の人が「それ買わないで、僕のを使って！」という具合に、発表者の支出が減るように提案する。物だけではなく、サービスも対象だ。「来月は壁のペンキ塗りをする。ペンキ屋に50万円払う」と発表すると、他の誰かが「ペンキ塗りは得意だから俺やる」という調子だ。

最終的には、ギブ&テイクになるように調整するが、完全に公平にはならない。しかし、「不公平だから降りる！」という人は滅多にいない。物々交換という低い次元ではなくて、「お互いの支出をゼロにする」という高い次元の意識を共有しているからだ。

プロジェクトメンバーが2人だけだと支出は10％くらい減る。プロジェクトメンバーが5人いれば、それぞれの支出は20％ほど減る。メンバーが50人いれば、支出はナント50％減る。そしてプロジェクトメンバーが200人になれば、ナントナント支出はゼロになる。ドイツでの経験だ。現在ドイツには大小3000個のプロジェクトが存在するそうだ。

特筆すべきは、「支出を少なくするのはカッコイイ！」とメンバーが思っていることだ。

「収入が少ないので、仕方ないから支出を減らす」と、暗く考える若者はいない。

支出0円プロジェクトは面白いと僕も思う。プロジェクトメンバー同士は翌月の支出をさらけ出し合う。そして一緒に工夫し、協力し合う。仲間にならないはずが無い。仲間と物々交換したものが自分の部屋にある。自分の部屋にあったものは仲間がいま使っている。なんだか温もりがある。

支出0円プロジェクトは、自然発生的には生まれない。誰かがオルガナイズする必要がある。ならば、オルガナイズする仕事を月3万円ビジネスにしたらどうだろうか。自分の支出が減ると同時に月に3万円の収入が生まれる。そしてプロジェクトメンバーに言う。

「支出0円を目指そうぜ。だけど僕に払う月3万円だけは別にしてね!」と。

農村に人を惹きつける

田舎暮らしに憧れる人は多い。しかし田舎に移住する人は少ない。田舎には仕事が無い。住む家も無い。仲間もいない。移住は恐怖だ。ならば、その恐怖心を取り除いて上げる月3万円ビジネスはどうだろうか。多くの人に喜ばれるに違いない。

#97 ダーチャ村

ダーチャというのは、ロシアの菜園付き別荘のことだ。日本の別荘は、金持ちが週末を過ごす豪華な家というイメージが強い。ダーチャは、週末に農業をする質素な家だ。都市郊外に建っている。一部の金持ちを除く大多数の人が所有している。旧ソ連時代にタダで支給されたからだ。因みにロシア語のダーチャは「与えられたもの」という意味だ。

ロシアの人はポテトと野菜をたくさん食べる。国内自給率はほぼ100％だ。そしてポテトの約89％、野菜の約79％がダーチャ産（二〇〇六年。ロシア統計局による）というから驚く。「家庭内自給率を高めれば国内自給率も高まる」というシンプルな理論の生きたモデルが、ここにある。

ロシア国民の大多数は都市で働いている。しかし給料は安く物価は高い。だから週末にダーチャで野菜や穀物を自分で生産する。日本の都会では、物価は高いが給料も高い……というのは、これまでの話。格差社会が進行している。物価も税金も健康保険料も更に高くなるが給料は安くなる……と自分の将来を不安に感じている都会人は圧倒的に多い。だからと言って田舎に移住する決意は生まれない。仕事が無いからだ。

となれば、ウィークデーは都会で働き、週末は郊外で農業を愉しむというダーチャ村を

ロシアの典型的なダーチャ

提供して上げれば喜ばれる……と、兵庫県宝塚市の高草俊和・洋子ご夫妻は考えた。栃木県那須町の人見ナッ子さんも考えた。「ダーチャ村建設」だ。旧ソ連のようにタダでは与えない。驚くほど安いコストで提供する。
なぜ安いかと言うと、高草さんも人見さんも、月に3万円しかもらわないからだ。1軒から3万円ではなくて全部の家を合計して月3万円だ。安い理由がもうひとつある。安い材料を使って、みんなで一緒に作るからだ。その方が愉しいし、友情も深まる。
ロシアのダーチャでは、家族単位で農作業をする。農業に慣れているからだ。高草さんや人見さんのダーチャ村では、農作業に不慣れな人には手ほどきしてあげる。トラクターなどの農業機械の使い方も教えるし、貸して上げる。希望すれば、みんなで一緒に農業をする。地元の青年たちを交えた夕食会などにも誘う。その方が愉しいと思っているからだ。

田舎に移住して半農半X的な生き方をしたいと願っている都会人は多い。しかし、現実には移住できない。仕事も家も仲間も無いからだ。きっかけすら見つからない。だから、いきなり移住ではなくて助走が必要だ。田舎憧れ派の都会人にとって、ダーチャ村は福音かもしれない。

複業を副業にする

サラリーマンを辞めて複業で生きることにした人は多い。複業で生きたいが、サラリーマンを辞められない人は、大変に多い。ならば、サラリーマンを続けながら、副業で複業をこなす。自信が付いたら、サラリーマンを辞めて複業に専念する。エネルギーは要るが勇気は要らない。

#98 半教師半X

近畿の地方都市在住のKさん（立場上、実名は伏せる）は、定時制高校の講師だ。定時制高校で教える傍ら、木工作家として作品を販売し、カフェの運営にも携わる。高校講師が正業とするならば、木工作家とカフェは複業の副業だ。

Kさんは高校講師の仕事に満足し、今でも真面目に勤めている。一方で、講師を辞めた後の人生のことも考え始めた。そこで、講師退任後の仕事を想定して、週末に助走することにした。

どうせやるなら好きなことを……と考えたKさんは、趣味の木工を本格的に学ぶ決心をした。高名な木工作家の下に弟子入りしたKさんは、週に1回8時間のレッスンに通った。レッスン代は1回当たり6000円。5年間通い続けて免許皆伝（？）となったKさんは、晴れて木工作家としてデビューした。

とは言っても、高校講師は続けているので、あくまで週末の副業に留めた。スプーンや皿といった小物から、テーブルやキャビネットなどの家具までを少量だけ制作する。出来上がった作品は口コミで売れるようになった。楽市楽座のようなフェスタにも時おり展示販売した。やがて、年に100万円ほどは稼げるようになった。立派な副業だ。

手づくりカフェの室内

木工の腕を上げたKさんは、家づくりにも興味を覚えるようになった。今度は達人大工の清水さんに弟子入りした。弟子入りといっても勘所を訊いたり、道具の使い方を教えてもらうだけだ。木工と大工仕事は共通点が多いのでのみ込みは早い。

定時制高校の講師は午前中はフリーだ。そこで、Kさんはウィークデーの午前中に、まずは10畳ほどの工房を作った。次に、工房を使ってカフェづくりを始めた。大きな機械が必要な時は、清水さんの工場に通い、清水さんの機械を貸してもらった。材木は清水さんに調達してもらった。材木代は木工作品の売上を全部回した。

やがてカフェも完成した。カフェの椅子やテーブルやカウンターは、もちろん手作りだ。48㎡ほどのカフェに、24㎡の作品展示室もついている。展示室では木工作品の展示即売をする。カフェは映画会を開催したり、有料の貸しスタジオとして使ったりもする。この複合カフェの建設費はすべて木工作品の売上で賄った。カフェの売上も、今では年に150万円ほどにはなった。但し運営は妻君の仕事だ。

Kさんは今、3坪ハウスの建設に取り組んでいる。床面積3坪までは建築確認申請が要らない。これもビジネスにしたいとKさんは考えている。まさに複業の副業だ。

Kさんの話を紹介したのには理由がある。企業や役所に勤めている人が、月3万円ビジネスを始めようとする。すると「勤めを辞めなければできない」と勘違いする人が多い。勘違いした人の多くは、勤めを辞めないで、スモールビジネスをやめる。不安だからだ。ほんの一部の人だけが勤めを辞めて、不安と闘う。

月3万円ビジネスを大袈裟に考える必要は無い……というのが僕の意見だ。ノーリスクなのだし、月に僅かの時間を割けばいい。勤めを続けながらでもできる。もっと気楽に考えて、先ずはスタートしてみていただきたい。Kさんはスーパーマンすぎて真似はできないかもしれないが、もっと低いハードルはいくらでもある。スピードに乗ったらハードルの高さを順次上げればいい。

遊牧民《ノマド》に生きる

〝ノーマッド〟は英語で遊牧民のこと。この頃〝ノマド〟という日本語（?）を若者がよく使う。土地に縛られないで自由に生きたいと願う若者が多くなった証拠だ。とは言っても、本当にノマドに生きる若者は少ない。定住以外の生き方を知らないからだ。だから、ノマドに生きる手本を見せて上げると喜ばれそうだ。ノマドをサポートするビジネスも歓迎されそうだ。

#99 トレーラーハウス

金子勝彦さん（埼玉県小川町）の月３万円ビジネスは、ゲストハウス・コミュニティーカフェ・自給自足ワークショップ……などなどだ。これらの複業をトレーラーハウスを活用して展開する。トレーラーハウスというのは、車で牽引《けんいん》される家のことだ。二輪だけついていて、自走はできない。

大型（床面積25㎡程度）のトレーラーハウスを購入すると、300万（中古）～800万円（新品）くらいする。そんなお金の持ち合わせは無いので、金子さんは30万円くらいでトレーラーハウスを作ってしまった。

トレーラーハウスは建築物ではない。だから、建築確認申請も不要だし、固定資産税もかからない。農地に建物を建てることは禁止されているが、トレーラーハウスならＯＫだ。家は移動できないが、トレーラーハウスは移動自由だ。いいことだらけのトレーラーハウスなのに、ほとんど活用されなかった。規制のせいだ。

まずは寸法規制。幅2.5ｍ、長さ10.2ｍ、高さ3.8ｍ以内でなければならない。電線や水道管など、地面と固定的に繋がっていてはいけない……などなど規制でガンジガラメだ。

３・11以後、この規制が２本立てになった。１本目は以前からの規制。寸法が2.5×10.2×

金子勝彦さん

3.8m以内のトレーラーハウスに適用される。この寸法に収まらないものには、2本目の緩和基準が適用される。緩和基準では、道路を通行する度に運輸局に届け出る。つまり寸法の制約は無い。但し、10m幅のもので4mの道路を通行するのでは、運輸局の認可は得られない。道路を走らないのであれば、いくら大きくても構わない。

この緩和基準の意味は大きい。金持ちの道楽だったトレーラーハウスが、若者の新しいライフスタイルになり得る。例えば、ローンを組んで家を建てなくても、自分の家が持てるようになる。そもそも、ローンすら組めない若者の方が圧倒的に多い。高い家賃を払って店舗を借りなくても、内装に金をかけなくても、気軽にビジネスができるようになる。そして、自分の住居や仕事の場を自由に選べるようになる。大袈裟に言えば、家と土地に縛り付けられていた若者が、その呪縛から解き放たれる。

トレーラーハウスは、架台とボディーで成り立つ。架台というのは、フレームに車輪が付いたものだ。構造は簡単だが、牽引されて道路を走るのだから、頑丈でなければ困る。ボディーというのはフレームに載せられる家のことだ。

ボディーの部分は、家を建てた経験が有る人なら、作るのはさして難しくはない。金子さんは非電化工房で修行したので、簡単な家は建てられる。問題は架台の方だ。素人では無理と思われている。プロに頼むと、この部分だけで数十万円の覚悟が要る。

そこで、金子さんは、自動車の廃車をアップサイクルすることにした。自動車であれば、シャーシーに車輪も車軸も付いている。道路を走っても問題無いように作られている。廃車といえども頑丈さは維持されている。そしてタダ同然で手に入る。

1台のトレーラーハウスでナンデモカンデモやる必要はない。先ず1台目は自分の住まい。2台目はモバイル・カフェ、3台目は……という風に、順次増やしていけばいい。トレーラーハウスづくりのワークショップを兼ねることにすれば、人に教えながら、人の力を借りながら増やして行くことができる。

地域に仕事が生まれ、温もりのあるコミュニティーが育つことを、金子さんは願っている。自作のトレーラーハウスを舞台にして貢献したいと、金子さんは意気込んでいる。金子さんの活躍に、乞うご期待！

仕事を創るを仕事にする

もっとクリエイティブな仕事がしたい、もっと社会的な仕事がしたい、もっと愉しい仕事がしたい……そう願う人は多い。が、自分で仕事を創る方法がわからない。仲間もいない。お手本も無い。勇気だって足りない。そういう人が圧倒的に多い。どうやら、仕事を生み出すお手伝いをして上げる人が必要なようだ。

#100 仕事カフェ

東京都の有村正一さんの月3万円ビジネスは「仕事カフェ」だ。有村さんのカフェには、仕事メニューが30種類ほど並んでいる。30種類のメニューはすべて月3万円ビジネスだ。

紙のメニューもあるけど、パソコン画面でも見られる。タイトルだけではなくて、内容がリアルに紹介されている。ここまでは、まったく無料。ここから先は自分で……という人にとっては、コーヒー代だけでビジネスをスタートできる。

本格的にトレーニングを受けて……という人のためには、ワークショップが用意されている。もちろん有料だ。例えば、前著『月3万円ビジネス』（晶文社）で紹介した「雨水トイレ」の場合は、8時間の実技指導。受講料は8000円……という感じだ。

例えば本書で紹介した「井戸掘り」の場合は、2日間で合計16時間。井戸掘りをして、ポンプを据え付けるところまでを、実際に行いながら指導する。場所の選び方、道具や材料の買い方、必要経費など、ビジネスのために必要なことはすべて学習する。受講料は1万6000円。

この受講料は安いと、僕は思う。2日間の授業を受ければ、3日目からはビジネスを開始できる。こんなスゴイ話が一体どこにあるだろうか。

但し、ひとりだけのために井戸掘りを実技指導するわけにはいかない。大赤字になってしまうからだ。だから、受講希望者が一定人数に達した時点でワークショップを実施する。

他の人が仕事を生み出すのを手伝って上げる。それを自分のビジネスにする。フランチャイズシステムとは、まったく異なる。フランチャイズシステムでは、フランチャイザーはリスクを負わず、フランチャージーがリスクを一手に引き受ける。仕事カフェでは、誰もリスクを背負わない。

カフェという形にこだわる必要は無い。例えばゲストハウスを経営しながら、ウィークデーの昼間に「仕事づくりワークショップ」を開いてもいい。夜間営業はしない店を夜だけ借りて「仕事塾」を開くのも良さそうだ。

月3万円ビジネスの教え方がわからなければ、非電化工房で開く「月3万円ビジネスワークショップ」に参加する。あるいは、すでに月3万円ビジネスを実施している人にポイントだけを教えてもらう。

月3万円ビジネスは、スモールビジネスだから、距離が近すぎなければ競合しない。「奪い合いよりも分かち合い」が月3万円ビジネスのスピリットだから、きっと親切に教えてくれるはずだ。

あとがき

月3万円ビジネスの実例を100個紹介した。この通りにやっていただいても嬉しい。ヒントにして別な月3万円ビジネスを生み出していただければ、もっと嬉しい。みんなでワイワイガヤガヤやっていただければ、最高に嬉しい。

ひとりで考えると弱気になったり飽きたりする。みんなでやれば前に進む。思いついたら取りあえずやってみることだ。やってみて上手く行かなかったら、「上手く行かなかったことに乾杯!」と、みんなでビールを1杯飲む。上手く行かなかったのは、チャレンジした証拠だ。乾杯する価値は十分にある。

同じテーマを工夫し直して再度チャレンジする。あるいは別なテーマにチャレンジする。優しさと愉しさのレベルを一段階上げる。時にはステキのレベルを一段階上げていただきたい。また上手く行かなかったらどうするかと言うと、「また上手く行かなかったことに乾杯!」と、みんなでビールを2杯飲む。人との繋がりは広がったはずだ。スキルも身に付いたはずだ。ビールを2杯飲む価値は十分にある。

こういうノリが何よりも大切だと僕は思う。ノーリスクが月3万円ビジネスのオヤクソクだ。失敗をおそれる必要は無い。温もりの有る人間関係が月3万円ビジネスの命綱だ。

孤立して競争する必要は無い。「みんなでワイワイガヤガヤ」やっていれば、その内に上手く行く。高級な理屈は要らない。なにしろ「月3万円ビジネス」なのだから。

50年に及ぶ高度経済成長時代——物質的な豊かさの代償として僕たちは多くのものを失った。地域コミュニティー、美しい環境、ストレスの無い安らぎ、美しさや優しさを感じる感性、活き活きとした健康、自然治癒力や免疫力、温もりのある人間関係、自給力、ものづくりや生産の愉しさ、手足を使い技を磨く喜び、感性を磨いて五感で味わう自然……失ったものはあまりに多い。

失ったこれらを取り戻すのが、月3万円ビジネスのテーマの大半だということにお気づきだろうか。だから月3万円ビジネスのテーマは山ほど有る。本書を参考にして、月3万円ビジネスをたくさん生み出していただきたい。いいことで愉しく稼いでいただきたい。失われた大切なものを取り戻すお手伝いを、多くの人にして上げていただきたい。

晶文社の倉田晃宏さんには前著に引き続き、全面的にバックアップしていただいた。「地方で仕事を創る塾」のOBのみなさんには、ビジネスモデルの公開に快く同意していただいた。併せて謝意を表したい。

「地方で仕事を創る塾」では、いいことで愉しく稼ぐ仕事創り＋仲間づくりを続けたい。機会があれば参加していただきたい。非電化工房では、本書に掲げられた100個の月3万円ビジネスの連続実技講座を開く。自らの仕事を創りたい人、地域の仕事創りのリーダーを目指す人の参加を願っている。

地方で仕事を創る塾　http://www.hidenka.net/juku
非電化工房　http://www.hidenka.net/indexj.htm

著者について

藤村靖之（ふじむら・やすゆき）
一九四四年生まれ。大阪大学大学院基礎工学研究科物理系専攻博士課程修了、工学博士。非電化工房代表。日本大学工学部客員教授。地方で仕事を創る塾を発展させ、現在は「自立共生塾」主宰。科学技術庁長官賞、発明功労賞などを受賞。非電化製品（非電化冷蔵庫・非電化掃除機・非電化住宅など）の発明・開発を通してエネルギーに依存しすぎない社会システムやライフスタイルを国内で提唱。モンゴルやナイジェリアなどのアジア・アフリカ諸国にも、非電化製品を中心にした自立型・持続型の産業を提供している。
〈非電化工房〉http://www.hidenka.net
著書に『月3万円ビジネス　非電化・ローカル化・分かち合いで愉しく稼ぐ方法』（晶文社）、『非電化思考のすすめ』（WAVE出版）、『テクテクノロジー革命』（辻信一との共著　大月書店）、『愉しい非電化』（洋泉社）、『さあ、発明家の出番です！』（風媒社）など。

月《つき》3万円《まんえん》ビジネス　100の実例《じつれい》
ワイワイガヤガヤ愉《たの》しみながら仕事《しごと》を創《つく》る

二〇一五年七月三〇日　初　版
二〇二〇年六月二〇日　六　刷

著者　藤村靖之

発行者　株式会社晶文社
東京都千代田区神田神保町一―一一
電話（〇三）三五一八―四九四〇（代表）・四九四二（編集）
URL http://www.shobunsha.co.jp

印刷・製本　ベクトル印刷株式会社

ISBN978-4-7949-6884-5　Printed in Japan